Christina Greßer

BUNT, LAUT und LEBENSFROH

oder: Wie eine Studentin ein Waisenhaus in Nigeria baut

Impressum

Amundsenstraße 32, D-90453 Nürnberg
www.fhoh.eu

Ich bitte um Verständnis, dass ich mich aus Gründen der Lesefreundlichkeit für das generische Maskulinum entschieden habe. Wenn ich z. B. von „den Nigerianern“ spreche, sind selbstverständlich immer Männer und Frauen gemeint.

ISBN 978-3-00-072152-6

Verlag: unabhängig veröffentlicht

Lektorat: Barbara Lösel

Layout und Satz: Christina Greßer

Umschlaggestaltung: Verena Hennig, Michael Vestner

„Das größte Vergnügen im Leben besteht darin, das zu tun, von dem die Leute sagen, du könntest es nicht."

(Walter Bagehot)

Für Godwin,

den selbstlosesten, hilfsbereitesten, chaotischsten und witzigsten Menschen, den ich je getroffen habe.

Inhaltsverzeichnis

Vorwort oder: Let me entertain you

Man nehme ein fremdes Land, eine Prise Abenteuerlust und 6.881 Kilometer. Das sind die ersten Worte, die ich 2010 in mein Tagebuch geschrieben habe. Nach nunmehr über zehn Jahren schaffe ich es endlich, meine Erfahrungen, die ich in Nigeria und insbesondere in Lagos machen durfte, in Wörter zu gießen, um euch, liebe Leser, für die Nigerianer und ihre Eigenheiten zu begeistern. Hoffentlich!

Kurz zu mir: Ich bin Christina. Mit 22 Jahren bin ich das erste Mal nach Lagos, die größte Stadt Nigerias, geflogen, um ein soziales Praktikum in einem Waisenhaus anzutreten. Ich studierte damals Volkswirtschaftslehre in Bayreuth im 4. Semester. Acht Wochen und viele wundervolle, aber auch anstrengende Momente später, beschloss ich, nicht einfach abzureisen, sondern die Kinder, die ich während meines Praktikums betreuen durfte, dauerhaft zu unterstützen. Es folgten bislang sieben weitere Aufenthalte, in denen langjährige Freundschaften, unbezahlbare Erfahrungen und auch ein paar graue Haare entstanden. Das Bedeutendste jedoch war der Bau eines Waisenhauses, den wir dank vieler engagierter Spender verwirklichen konnten. Das Projekt *Future Hope Orphanage Home*, kurz FHOH, besteht heute immer noch: Wir bieten derzeit etwa zwanzig

Kindern ein Zuhause und begleiten sie ein Leben lang. Essen, ein Schlafplatz und Schule sind wichtige Grundbausteine. Ebenso wichtig ist eine liebevolle familiäre Umgebung mit Menschen, die immer für einen da sind, egal in welcher Lebensphase man sich gerade befindet. Außerdem engagieren wir uns in der örtlichen Gemeinde und übernehmen Impfungen, Malariatests, Medikamentenausgaben, Aufklärungsarbeit und viele andere wichtige soziale Aufgaben.

2019 und 2020 wurde ich nun selbst Mama von zwei süßen Mäusen, und eine anschließende Pandemie verhindert seither meine jährlichen Besuche in Nigeria. Ich vermisse die Kids und viele Freunde und Bekannte vor Ort sehr. Umso mehr freut es mich, dass wir weiterhin treue Unterstützer und einen engagierten Waisenhausleiter haben, die das Projekt am Laufen halten, auch wenn ich selbst nicht vor Ort sein kann.

Warum dieses Buch? Sicherlich stellt es keine allumfassende Sicht auf Land und Leute dar, aber es gewährt euch einen ganz persönlichen Einblick in meine Erfahrungen und Erlebnisse – und die waren sehr oft sehr lustig. Also traut euch ruhig zu lachen. Denn wenn ich eines von den Nigerianern gelernt habe, dann das, dass man sich selbst nach einem bewaffneten Überfall über das Erlebte schlapp lachen kann. Auch ich als Deutsche bin sehr oft Gegenstand ihrer Lacher und man schmunzelt laut über mich und meine Eigenheiten. Deswegen weiß ich auch, dass es mir kein Nigerianer krummnehmen wird, wenn ich über meine Erfahrungen mit diesem bunten, lauten und lebensfrohen

Land laut lachen muss – und hoffentlich auch ihr als Leser darüber lachen könnt. Ich liebe die Nigerianer oder habe sie lieben gelernt, und hoffe, dass ich an jeder Stelle in diesem Buch den richtigen Ton getroffen habe, um das auch deutlich zu machen.

Ich wünsche mir, dass ihr nach dieser Lektüre die Nigerianer, von denen viele mittlerweile auch unter uns in Deutschland leben, und ihre Eigenheiten lieb gewinnt. Denn trotz Korruption, Armut und anderen Missständen ist Nigeria „the happiest place on earth"[1] und davon können wir uns Deutsche allemal eine Scheibe abschneiden.

Bevor ich euch in die Lektüre entlasse, möchte ich mich noch herzlich für den Kauf dieses Buches bedanken. Denn der Erlös geht zu hundert Prozent in das Projekt *Future Hope Orphanage Home.*

Ich wünsche euch viel Freude beim Lesen.

Eure Christina

---

[1] Gallup Umfrage zu Optimismus im Jahr 2011. Auch in der Umfrage 2021 zählt Nigeria weltweit zu den optimistischsten Ländern. (https://www.gallup.at/de/unternehmen/studien/2020/glueck-und-zuversicht-im-weltweiten-laendervergleich/)

Lagos: Klappe, die erste!

Afrika, ich komme oder: Ab heute bin ich die andere

Meine Erwartungen an mich: offen sein, Spaß haben und nicht so viel heulen.

Im Juli 2010 trete ich als Studentin der Volkswirtschaft meine erste Reise nach Afrika an, um ein soziales Praktikum in Nigeria zu absolvieren. Eine weltweit vertretene Studentenorganisation namens *Aiesec* hat es sich zum Ziel gesetzt, den kulturellen Austausch zwischen den Ländern zu fördern, und organisiert daher Praktikumsstellen bei heimischen Firmen und Organisationen in der ganzen Welt. Tolle Chance, count me in! Einen Onlinetest, ein interkulturelles Seminar und sechs Monate ehrenamtliches Engagement für Aiesec später darf ich endlich aus einer großen Anzahl an Stellen wählen und entscheide mich für ein Praktikum, das sich Aufklärung im Bereich HIV und AIDS in Lagos zum Ziel gesetzt hat. Der Praktikumstitel „Champion‘s Experience“ klingt vielversprechend, auch wenn die dazugehörige Beschreibung recht vage und dürftig ausfällt. Doch das oder auch die Reisewarnungen des Auswärtigen Amtes können mich nicht davon abhalten, meine ersten Erfahrungen auf und mit dem afrikanischen Kontinent zu machen.

Neben Flugbuchen, Impfungen und den notwendigen Besorgungen muss man vor der Ersteinreise nach Nigeria auch bei der nigerianischen Botschaft in Berlin vorstellig werden. Der Visaantrag ist irre kompliziert und teuer. Daher rechne ich fest mit einem prunkvollen Repräsentationsgebäude. Stattdessen befindet sich die nigerianische Vertretung in einer unauffälligen Vierzimmerwohnung im Hochparterre, deren Eingang in einem Berliner Hinterhof versteckt ist. Und auch im Inneren sieht alles etwas improvisiert aus. Nach einer langen Wartezeit – eine kleine Vorahnung auf das nigerianische Zeitgefühl erfüllt mich – fällt das Gespräch mit dem nigerianischen Botschafter beziehungsweise seinem Vertreter ernüchternd aus. Der korpulente Staatsvertreter scheint diese Gespräche mehr als lästig zu finden. Daher macht er sich auch nicht die Mühe, deutlicher zu sprechen, sodass ich sein nigerianisches Kauderwelsch kaum verstehe. Die Fragen, die ich verstehe, beantworte ich aber anscheinend zu seiner Zufriedenheit, denn nach etwa drei Minuten Gespräch klebt er mir ein handschriftliches grasgrünes Visum in meinen Reisepass und endet mit den Worten: „Take good care."

Nur wenige Tage später betrete ich nach einem kurzen Zwischenstopp in Amsterdam den Flieger nach Lagos und stelle fest, dass ich fast ausschließlich von schwarzen Menschen umgeben bin. Ich bin amüsiert, aber fühle mich auch komisch, denn noch nie war ich durch meine Hautfarbe so anders. Doch nicht nur meine Hautfarbe erscheint mir auf einmal so anders, auch meine Bekleidung unterscheidet mich deutlich von den restlichen Passagieren: Frauen haben ihre farbenfrohen Tücher schwungvoll um den Kopf gewickelt und ihre Babys mit einem dazu passenden Tuch eng an ihren Rücken geschnallt. Alle tragen Röcke oder

Kleider, Schmuck und schicke Schuhe, die in den schönsten Farben schillern. Ganz im Gegensatz zu mir, die ich mit Jogginghose, Turnschuhen und T-Shirt eher durch Bequemlichkeit glänze. Die Männer sind nur zum Teil in traditionelle Gewänder gehüllt und tragen stattdessen teure Anzüge, Lederschuhe und dicke Golduhren. Je wichtiger und erfolgreicher man(n) ist, kann man anscheinend am Outfit ablesen. Doch nicht nur das: Ausnahmslos alle schreien in ihre überdurchschnittlich großen Handys und schalten sie bei Abflug nur widerwillig, und nicht ohne mindestens dreimal von der Stewardess ermahnt zu werden, in den Flugmodus. Mittlerweile bin ich eine Vielfliegerin geworden und kann nun sagen, dass die Flugbegleiterinnen auf den Flügen von und nach Lagos mit Abstand die unentspanntesten waren.

Mit der Lautstärke überfordert, suche ich Trost bei einem kleinen Jungen – ich bin ein ziemlicher Kindernarr –, der eng an den Rücken seiner Mutter geschnallt ist und durch deren üppige Figur in den Sitz gedrückt wird. Ich lächle ihm aufmunternd zu. Doch statt zurückzulächeln, schaut er mich nur mit großen Augen an und fragt seine Mama:

„Mummy, do we all have black skin?"

Sie schaut sich um, sieht mich und deutet in meine Richtung.

„No, some other people have white skin. But I don't want to hear something about black and white – we are all humans."

Energisch nicke ich ihr zu, da ich auf keinen Fall den Anschein erwecken will, dass ich anderer Meinung bin. Und trotzdem fühle ich mich ein bisschen wie ein dreibeiniger

Hund – ihr wisst schon, bei dem man weder hin- noch wegschauen kann.

Da fällt mir eine Geschichte ein, die mir meine Oma Alice einmal erzählt hat. Ich war wohl noch sehr klein und stand mit ihr an der Wursttheke in einem kleinen Tante-Emma-Laden bei uns im Ort. Hinter uns reihte sich ein schwarzer Mann in die Schlange ein, und da ich anscheinend noch nie einen Schwarzen gesehen hatte, fragte ich meine Oma ganz unverblümt: „Oma, ist das ein Neger?[2]" Obwohl der Mann grinsen musste, war das meiner Oma so unglaublich peinlich, dass wir ohne ein Wort – und ohne die Wurst – das Weite gesucht haben. Nun ja, ab jetzt bin ich die andere.

Ich nehme also neben einem schwarzen, korpulenten etwa vierzigjährigen Mann Platz, der, kaum sind die Flugzeugtüren zu, auch schon eingeschlafen ist. Ich versuche, nicht an meine eingeschränkte Bein- und Armfreiheit zu denken, als mein Sitznachbar zu allem Überfluss auch noch zu schnarchen beginnt. Ein kleines Kind tritt von hinten gegen meinen Sitz und ich erinnere mich verbissen an meinen Vorsatz: Nicht so viel heulen!

Etwa eine Stunde vor der Landung wird auch mein Sitznachbar wieder wach und im Gegensatz zu vorher scheint er jetzt ganz interessiert an mir zu sein: Was ich denn in Lagos machen würde, ob ich dort jemanden kenne, wo genau ich wohnen werde und, und, und. Wie schon in der

---

2 Anfang der 90er-Jahre sagte man dieses Unwort leider noch ganz unbedarft. Ich bin dankbar, dass besagter Mann nur verzeihend grinste. Aus Authentizitätsgründen habe ich mich dennoch dafür entschieden, dieses Wort zu nennen. Natürlich distanziere ich mich ganz klar von dessen Nutzung, und heute kommt es mir ganz sicher nicht mehr über die Lippen.

Botschaft muss ich mich stark konzentrieren, um ihn zu verstehen.

Das afrikanische Englisch unterscheidet sich in der Aussprache stark von dem, das ich in der Schule gelernt habe. So werden Worte mit th nicht liebevoll gelispelt, sondern mit einem harten t gesprochen – für den unerfahrenen Hörer wird dann aus *three* (drei) ganz schnell ein *tree* (Baum).

Die folgende Geschichte ist mir also tatsächlich so passiert: Ich bin allein mit den öffentlichen Verkehrsmitteln in Lagos unterwegs und ein Mann kommt mit mir ins Plaudern. Am Ende unseres Gesprächs will er mir anscheinend ein Kompliment machen und sagt: „You have a nice set of tits."

„Excuse me?", entgegne ich ganz verdattert.

Er deutet auf meine Zähne und sagt erneut: „You have nice tits."

Gerade noch rechtzeitig verstehe ich, dass er teeth, also Zähne meint, sonst hätte der Arme vermutlich eine saftige Ohrfeige kassiert.

Um die Verständigung zusätzlich zu erschweren, mischen die Nigerianer das Englische mit *Pidgin*, einer Mischsprache aus einem grammatikalisch sehr vereinfachten Englisch und Elementen ostasiatischer und anderer afrikanischer Sprachen. Aber dazu später mehr.

Wir unterhalten uns noch eine ganze Weile, dann beginnt der Flieger seinen Landeanflug. Es wird langsam dunkel und gespannt versuche ich, die Lichter der Megastadt

Lagos mit über vierzehn Millionen Einwohnern von meinem Fenster aus zu erspähen. Doch Fehlanzeige! Viele Haushalte sind offensichtlich nachts ohne Strom und auch der in Sichtweite kommende Flughafen ist nur spärlich beleuchtet. Wir landen also quasi im Dunkeln. Als mein Sitznachbar mich mit den Worten „Good luck!“ verabschiedet, wird mir doch ein wenig mulmig.

Kaum habe ich das Flugzeug verlassen, erdrückt mich auch schon die hohe Luftfeuchtigkeit. Ich kann regelrecht fühlen, wie meine Frisur den Dienst quittiert. Schnell eilen alle Passagiere über den verlassenen Flugplatz und betreten das Flughafengebäude. Statt den üblichen Designerläden, Coffee Shops und Restaurants empfangen mich kaputte Rolltreppen, nicht gepolsterte Sitzbänke und improvisierte Kleinbaustellen. Ich ahne schon, dass es keine gute Idee war, das Flugzeug-WC zu meiden und stattdessen bis zur Landung und auf anständige Toiletten im Flughafen zu warten. Und damit soll ich auch recht behalten, denn es gibt dort weder fließend Wasser noch Klopapier noch Türen, die man von innen verschließen kann. Aber es hilft ja nichts.

Bevor ich herausfinde, ob es mein Koffer bis in diese heiligen Hallen geschafft hat, muss ich zuerst einmal an den Immigration-Schalter. Und das dauert! Mittlerweile bin ich bis auf ein oder zwei andere Weißwürste die Einzige mit erkennbar anderer Nationalität und beginne zu verstehen, warum sich Minderheiten oftmals durch ein starkes Gruppengefüge auszeichnen. Während ich etwa eineinhalb Stunden anstehe, fülle ich mehrere Zettelchen für die Einreise nach Nigeria aus und stelle fest, dass ich ganz vergessen habe, die Studentenorganisation nach einer Adresse zu fragen, bei der ich während meines Aufenthalts wohnen werde. Kurzerhand notiere ich die Adresse von Aiesec, irgendwo auf dem Campus der University of Lagos, womit sich die Grenzbeamten zufriedengeben. Nun bin ich also offiziell und ganz legal eine Touristin in Nigeria.

Mein Gepäck ist mittlerweile auch angekommen und dreht fröhlich seine Runden auf dem Band. Jetzt aber nichts wie raus hier, immerhin bin ich schon über eine Stunde überfällig, mein Empfangskomitee wartet sicher schon ungeduldig auf mich. Doch bevor ich die befreienden Schiebetüren des Flughafens durchschreiten kann, werde ich von zwei Muskelpaketen aufgehalten.

„Madame, bitte zeigen Sie uns Ihren Gepäckaufkleber."

„Natürlich!" Ich übergebe ihnen den kleinen Aufkleber mit meiner Gepäcknummer, den mir das Flugzeugpersonal auf meine Flugtickets geklebt hat. Einer der Muskelprotze vergleicht die Nummern und fragt:

„Madame, ist das Ihr Koffer?"

„Ehh ja, natürlich, sonst hätte ich ihn ja nicht mitgenommen." Kaum zu fassen, denke ich mir, da wollen die mich schon am Flughafen bescheißen (Achtung: Vorurteile!). Oh Gott, hoffentlich nehmen die auch Euros (Achtung: noch mehr Vorurteile! Aber fürs Protokoll: Ja, sie nehmen auch Euros. Und Gummibärchen.).

„Sind Sie sicher, Madame? Die Nummer auf Ihrem Koffer stimmt nicht mit der Nummer auf dem Aufkleber überein."

„Aber das ist mein Koffer. Zum Beweis kann ich ja gerne mal den Code eingeben und Sie sehen selbst, dass der Koffer aufgeht." Es klickt! „Sehen Sie?!" Ich rolle mit den Augen.

„Madame, bevor Sie den Koffer öffnen, würden Sie mir bitte drei Teile aus Ihrem Koffer nennen?!"

Ich rolle erneut mit den Augen und versuche mich an den Inhalt meines Koffers zu erinnern. Warum fallen einem in diesem Moment immer zuerst die Unterhosen ein? Jeder hat Unterhosen dabei! „Eeh, eine braune lange Hose, ein T-Shirt mit Gemüse darauf ..."

„Okay, Madame, dann öffnen Sie jetzt bitte den Koffer." Ich folge seiner Anweisung, lege den Koffer auf den Boden, öffne den Kofferdeckel und als ich gerade dabei bin, mein Ich-hab-es-Ihnen-ja-gesagt-Gesicht aufzusetzen, stelle ich entsetzt fest, dass das tatsächlich nicht mein Koffer ist. Weiß der Kuckuck, warum der Zahlencode funktioniert hat. Einfach nur peinlich, Christina! Beschämt entschuldige ich mich bei den beiden Beamten und bin froh, dass die zwei trotz meiner Arroganz ihren Job gemacht haben. Wer weiß, ob ich meinen eigenen Koffer sonst so schnell wiedergesehen hätte, und dann hätte ich vielleicht tatsächlich ein paar Euros gebraucht.

Zurück am Gepäckband entdecke ich dann wirklich meinen Koffer, der als letzter auf seinen Besitzer wartet. Ich überprüfe dreimal, ob die Nummer auf dem Kofferaufkleber mit dem Aufkleber auf meinem Ticket übereinstimmt, und laufe mit gesenktem Kopf Richtung Ausgang.

Meine erste Nacht in Lagos oder: I watch you sleep!

Es ist stockdunkel und weit und breit kein Empfangskomitee zu sehen.

Welcome to Africa!

Höflich werde ich aufgefordert das Flughafengebäude zu verlassen, denn aus Sicherheitsgründen dürfen sich nur Abreisende im Flughafen aufhalten. Ich bin trotzdem guter Dinge und versuche alles in meiner Umgebung aufzusaugen. Die Familien, die sich herzlich begrüßen, die aufdringlichen Taxifahrer, die langen Schlangen vor den Geldautomaten. Ich bin voller Spannung auf die nächsten acht Wochen und kann es gar nicht erwarten, dass mein Abenteuer endlich beginnt.

Nach etwa einer halben Stunde vor den Türen des Flughafens fange ich jedoch an, auf die Studentenorganisation zu schimpfen. Ich bekomme auch den Eindruck, dass es hier für mich als weiße junge Frau nicht wirklich sicher ist. Abgesehen von Taxifahrern, Geldwechslern und Männern, die mir ein Telefonat von ihrem Handy anbieten, werde ich auch von anderen Fluggästen angesprochen, die mich fragen, ob und wann ich abgeholt werde.

Es braucht all meine Überredungskünste, um den Sicherheitsmann an der Flughafentür zu überzeugen, dass er mich doch bitte wieder reinlassen soll, damit ich meine Kontaktperson anrufen kann. Die Handynummer von

Ekon[3], meiner Kontaktperson und Mitglied von Aiesec in Lagos, habe ich leider nur auf meinem Laptop gespeichert und der hat keinen Akku mehr. Ich brauche also dringend Strom. Doch die einzige (!) Steckdose, die ich weit und breit finden kann, funktioniert nicht. Aufgelöst und mittlerweile auch etwas panisch, spreche ich eine freundliche Flughafenangestellte an, die mich netterweise in ihr Büro mitnimmt, ein durch einen Paravent abgetrennter Bereich, wo ich meinen Laptop laden und Ekon anrufen kann.

„Hello?“

„Hi, Ekon, this is Christina, I am at the airport! WHERE ARE YOU?“

„You didn't tell me that you were coming today!“

„Yes, I did! LIKE FIVE TIMES!“

„Okay, no problem – I will see what I can do!“

Es klickt in der Leitung. Ich versuche, nicht allzu viel in den letzten Satz „I will see what I can do!“ hineinzuinterpretieren und die Ruhe zu bewahren. Ich bedanke mich bei der Dame und mache es mir auf dem Boden bequem. Eineinhalb Stunden später steht Ekon, ein großer, schlanker tiefschwarzer Mann mit breiter Nase, vor mir und grinst mich an. Wir brauchen kein Erkennungszeichen, denn mittlerweile ist der Flughafen fast leer und ich bin die Einzige mit weißer Hautfarbe. Komischerweise ist meine schlechte Laune bei seinem Anblick wie weggeblasen und ich bin einfach nur froh, ihn zu sehen. Keine Angst, das ist nicht der Beginn einer wunderschönen Liebesgeschichte.

---

[3] Name von der Autorin geändert.

Ekon schnappt sich meinen Koffer und hievt die dreißig Kilo in einen violetten Toyota, der schon etwas mitgenommen aussieht. Am Steuer sitzt Alex, Ekons Mitbewohner und offensichtlich Chauffeur, der allerdings zu schüchtern ist, um mit mir zu sprechen. Als ich mich anschnalle, kriegen sich die zwei kaum noch ein vor Lachen. Ich bereue es auch gleich, denn der Gurt ist so staubig, dass sich ein breiter Schmutzstreifen quer über mein T-Shirt zieht. Hier hat sich wohl schon länger niemand mehr angeschnallt. Als wir losfahren, merke ich, dass auch andere mir bekannte Verkehrsregeln ignoriert werden: Ampeln beachten, Blinker setzen, Bremsen betätigen oder Fahrtrichtungen einhalten. Auch die Geschwindigkeit wird nach Belieben angepasst und zwar gerade so, dass man nicht draufgeht. Komischerweise funktioniert das irgendwie und wir kommen nach weiteren eineinhalb Stunden heil bei Ekons und Alex' Wohnung an. Es ist schon fast Mitternacht und somit zu spät, um mich noch zu meiner geplanten Gastfamilie zu bringen. So habe ich die Ehre, meine erste Nacht in Afrika in einem WG-Zimmer mit Ekon und Alex zu übernachten. Wirklich begeistert bin ich nicht darüber, ein Zimmer mit zwei fremden Jungs zu teilen, aber habe ich eine Wahl?

Das WG-Zimmer entpuppt sich als Verschlag. Buchstäblich! Unter einem Wellblechdach erstreckt sich ein langer Flur, von dem links und rechts Schwingtüren weggehen. Hinter einer dieser Türen verbirgt sich das Studentendomizil der beiden Jungs: ein etwa zehn Quadratmeter großer quadratischer Raum, in dem sich nichts weiter als eine schmutzige Matratze, die definitiv zu klein ist für drei Personen, und ein überdimensionaler Flatscreen befinden.

Zusammen mit dem schummrigen Licht einer Glühbirne ist das Zimmer vermutlich der hellste Ort im ganzen Viertel. Plumpsklo und Eimerdusche sind durch eine weitere klapprige Schwingtür vom Rest des Zimmers abgetrennt; ich kann nur hoffen, dass das kein Gemeinschaftsbad für das ganze Gebäude ist.

Ich versuche, Verständnis für den männergeführten Haushalt aufzubringen, aber das hier ist wirklich etwas viel. Außerdem stinkt es! Zwar kann ich den Ursprung des Geruchs nicht verorten, aber ich bin heilfroh, dass ich auf meine Mama gehört habe und einen alten Bettbezug eingepackt habe. Auch die sonst üblichen Salami und Käse, die ich sonst immer dabei habe, wären jetzt gut gewesen, aber leider darf man derlei Produkte nicht nach Nigeria einführen. Halb unter dem Bezug, halb auf dem Bezug schlafe ich eng an die Wand gepresst ein. Ekon macht es sich neben mir bequem und Alex, der immer noch kein Wort gesprochen hat, auf dem Fußboden. Trotz dröhnendem Fernseher und Diskobeleuchtung schlafe ich auf der Stelle ein.

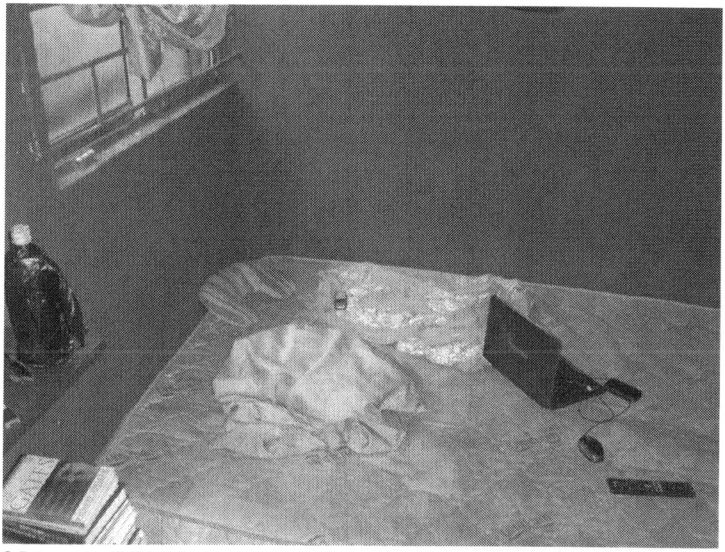

Mein erster Schlafplatz

Als ich am nächsten Tag aufwache, blicke ich in das zehn Zentimeter entfernte, weiß beschmierte und breit grinsende Gesicht von Ekon. Schock!

„WHAT THE HELL do you think you are doing?"

„Watch you sleep!", antwortet Ekon in einem absolut selbstverständlichen Ton.

„Aha! And what's that thing in your face?"

„Lotion – it makes your skin color brighter!"

Ich atme tief durch, und als ich langsam richtig wach werde, spüre ich die Erleichterung, die Nacht unbeschadet überstanden zu haben. Ein paar weitere Minuten schaffe ich es noch, das Unumgängliche zu leugnen, aber dann kann ich es mir einfach nicht mehr verkneifen: Ich muss diese Toilette benutzen. Mit angehaltenem Atem und dem höchsten Schwebesitz, den ich je zustande gebracht habe, entleere ich meine Blase. Da ich schon mal hier bin, gönne ich mir auch noch meine erste Eimerdusche. Das ist nichts weiter, als sich mit einer kleinen Schale aus einem großen Eimer kaltes Wasser über den Kopf zu schütten. Ehrlicherweise gar nicht so schlecht – und super erfrischend.

Inzwischen ist auch Ekon, der zum Geldwechseln losgezogen ist, wieder im Zimmer und überreicht mir feierlich das Ergebnis seines Ausflugs: Statt 100 US-Dollar besitze ich nun ein Bündel nigerianischer Nairas. Nicht nur einmal lobpreist er seine Verhandlungskünste und versichert mir, dass er einen super Wechselkurs bekommen hat. Na, dann kann der Tag ja jetzt starten. Erster Stopp: Frühstück in der Universitätskantine.

Neue Unterkunft oder: Das Paradies auf Erden

Das sieht doch hier schon viel besser aus: Die Unikantine ähnelt einem in die Jahre gekommenen Bistro mit alten Gartenstühlen und -tischen, einem sich langsam drehenden Ventilator und einer kleinen Vitrine voller Speisen, die wohl die Speisekarte ersetzen soll. Es gibt eine Reihe frittierter Gerichte, aber ich entscheide ich mich für den Low-carb-Weißkohlsalat mit extra viel Mayonnaise und setze mich zu Ekon auf einen der Gartenstühle im Außenbereich. Mein Blick fällt auf einen alten Schiffscontainer, der auf hohen Stelzen inmitten eines erdigen Platzes steht. Auf der Containeraußenseite prangt in großen weißen Buchstaben der Name der Studentenorganisation: AIESEC. Als wir nicht viel später dort eintreten, stelle ich fest, dass der Container weit mehr ist als nur ein Büro. Im Inneren vereinen sich Arbeitsstätte, Schlafplatz, Internetcafé, Musikstudio und eine Studentenküche. Kein Wunder also, dass sich neben uns acht weitere Studenten dort aufhalten. Alle sind sehr nett und freuen sich sichtlich über meine Ankunft. Ich unterhalte mich geduldig mit meinen neuen Brothers and Sisters und hoffe, dass ich alle bei meinem nächsten Treffen wiedererkenne.

Flüchtige Begegnungen reichen mir bisher noch nicht aus, um die Nigerianer voneinander zu unterscheiden. Das sage ich ohne schlechtes Gewissen, denn auch die Nigerianer können mich anfänglich nicht von den anderen Praktikantinnen aus China, Südkorea oder Brasilien unterscheiden. Es braucht eben etwas Zeit, bis man nicht mehr nur die Hautfarbe als einziges Unterscheidungsmerkmal abspeichert.

Als Teil des Willkommenspakets bekomme ich eine Führung über den Campus der University of Lagos, kurz *Unilag*, und staune über das riesige Audimax, das angeblich eine Kapazität von fünftausend Studenten hat. Aber auch die Seminar- und Hörsäle, die sich inmitten herrlicher Grünanlagen befinden, gefallen mir gut und auf einmal kommt mir mein eigener Bayreuther Campus recht langweilig vor. Ein idealer Studienort, wäre da nicht wieder dieses Toilettenproblem. Es gibt schlichtweg keine – oder zumindest nur sehr wenige und die sind oft unauffindbar oder unbenutzbar (aus einer Vielzahl von Gründen).

„What do girls do when they need to go to the toilet?", frage ich meinen Begleiter und hoffe auf einen Geheimtipp, falls ich später mal muss.

„They go anywhere."

„Anywhere?"

„Yes, sure. I am not eating or drinking all day, so that I don't need a toilet."

ICH gehe auf jeden Fall nicht *anywhere* und beschließe, es ihm gleichzutun und ab jetzt nichts mehr zu trinken. Ich denke an die eineinhalb Liter Wasserflaschen, die fast jeder deutsche Student auf den Hörsaaltischen stehen hat und über die sich schon so mancher Professor beschwert hat:

„Schafft ihr es nicht einmal neunzig Minuten, ohne zu trinken? Ich kann kaum einen von euch sehen." Fehlende Toiletten in Deutschland also unvorstellbar.

Zurück am Container mache ich Bekanntschaft mit Habib, einem kleinen Nigerianer mit großen Zähnen und schicken Klamotten, und seinem Kumpel Sean, auch genannt Jerry. Anscheinend habe ich die Ehre, während meines Aufenthalts in Habibs Elternhaus zu leben. Laut Ekon das Paradies auf Erden. Begierig, nicht noch eine Nacht mit Ekon und Alex zu verbringen, dränge ich darauf, gleich aufzubrechen, bevor wieder irgendetwas dazwischenkommt. Auch Habib macht Anstalten, meinen Rollkoffer, den ich im Aiesec-Container zwischengeparkt hatte, zum Taxi zu schleppen. Aber anders als Ekon braucht er Hilfe von seinem Kumpel Jerry, denn mein Koffer ist dank vieler unnützer Dinge wirklich schwer und die Rollen bleiben immer wieder im erdigen Boden stecken. Wir steigen in ein herkömmliches Taxi. Während der zweistündigen Fahrt überprüft Habib immer wieder, ob die Türen verriegelt sind. Auf meine Nachfrage grummelt er mir nur irgendetwas von „Safety" entgegen.

Das Paradies auf Erden stellt sich tatsächlich als ein komfortables Haus heraus, in dem es für mich ein eigenes Zimmer, eine funktionierende Toilette mit Spülung und eine richtige Dusche gibt. Zwar funktioniert Letztere nicht, aber da ich bei dieser Hitze ohnehin Freude an der Eimerdusche entwickelt habe, bin ich darüber gar nicht traurig. Und es gibt noch eine weitere gute Nachricht: Bereits morgen Abend soll eine weitere Praktikantin aus China einziehen; ich freue mich schon darauf, mich mit ihr über meine Erfahrungen auszutauschen.

Ich bin froh, als ich am nächsten Morgen unbeobachtet und ohne Ekons bemaltes Gesicht vor meiner Nase aufwache. Völlig überwältigt von meinem neugewonnenen Luxus stecke, ich als Erstes meinen Laptop in die Steckdose, um meine E-Mails zu checken und um dem Rest der Welt auf Facebook meine Ankunft in Nigeria mitzuteilen. Schnell werde ich auf den Boden der Tatsachen zurückgeholt – denn wir haben weder Strom noch Internet. Doch so schnell kann mir keiner die gute Laune verderben, also mache ich mich auf den Weg in die Küche und auf die Suche nach Kaffee. Im Wohnzimmer treffe ich auf Habib, Jerry, der wahrscheinlich hier übernachtet hat, und Habibs Mutter, die mich schon sehnsüchtig erwarten. Letztere ist eine tolle Erscheinung: Sie ist von oben bis unten in ein traditionelles Gewand mit Gold- und Silberstickereien gehüllt, trägt einen Turban in den gleichen Farben und strahlt eine unglaubliche, aber freundliche Autorität aus. Ich begrüße sie mit Handschlag und stolpere nur kurz über ihren irritierten Gesichtsausdruck. Wie ich später lernen werde, begrüßt man sich in Nigeria nicht mit Körperkontakt, sondern mit Knicks und einer kleinen Verbeugung. Doch anscheinend verzeiht mir Habibs Mutter meinen kulturellen Fauxpas und schenkt mir ein kleines Lächeln.

„Welcome!“

„Thank you, Madame!“

„You are welcome to Nigeria.“

„Thank you!“

„Welcome."
„Thank you!"
„How is Germany?"
„Fine, thank you!"
„You are welcome."
„Thank you!"
Ich bin froh, als mich Habib in die Küche schiebt, denn diese Konversation wäre sonst vermutlich noch endlos so weitergegangen. Statt des erhofften Kaffees befinden sich auf dem Herd ein großer und ein kleiner Topf mit dampfendem Inhalt. Da ich beides nicht kenne, erklärt mir Habib, dass es sich um *Yam* und *Stew* handelt. Ich habe einen riesigen Hunger, deswegen eile ich mit meinem Teller zurück ins Wohnzimmer und gönne mir eine große Gabel. Yam entpuppt sich als ein kartoffelähnliches, ungefährliches Wurzelgemüse und Stew scheint der Begriff für einen kleinen Klecks Sauce zu sein. Aber nicht irgendeine Sauce, sondern die schärfste Tomatensauce, die ich JEMALS probiert habe. Sofort bekomme ich Schluckauf und meine Nase beginnt zu laufen. Da alle Anwesenden schon gegessen haben, fällt ihnen nichts Besseres ein, als mir beim Frühstücken – und Leiden – zuzusehen. Sichtlich amüsiert und kichernd fragen sie mich, ob es mir denn schmecke. Schniefend antworte ich: „Yes, a little bit spicy", was zu erneutem Gelächter führt. Aber da ich mir keine Blöße geben will, esse ich tapfer meinen Teller auf.

Nachdem sich Habibs Mutter zurückgezogen hat, unterhalte ich mich etwas mit Habib und Jerry, die in der Abwesenheit der Hausherrin deutlich gesprächiger sind. Ich wage es schließlich, das Thema Strom anzusprechen. „No problem“, bekomme ich als Antwort und schon nach wenigen Minuten, vermutlich nach Einholen der mütterlichen Erlaubnis, dröhnt in voller Lautstärke der hauseigene Generator und versorgt das Haus mit Strom. Die Jungs widmen sich dem Musikkanal im Fernsehen und ich, immer noch ohne Internetzugang, tippe fleißig Nachrichten in ein Textprogramm, um sie dann später im Internetcafé zu versenden.

Am späten Nachmittag brechen Habib und Jerry auf, um die chinesische Praktikantin vom Flughafen abzuholen. Dadurch sind sie schon einmal um hundert Prozent zuverlässiger als Ekon. Die Hitze und das stundenlange Rumsitzen und Nichtstun – oh Gott, bin ich abhängig von Strom und Internet – machen mich unglaublich müde, weswegen ich bei Einbruch der Dunkelheit ins Bett gehe. Die Nigerianer scherzen übrigens darüber, dass die Afrikaner deshalb so viele Kinder haben, weil man für die stromlosen Abendstunden einfach keine gute Beschäftigung gefunden hat – außer der einen eben. Strom als Geburtenkontrolle, auch mal ein interessanter Gedanke.

Es ist fast Mitternacht, als drei Personen in mein Zimmer stürzen. Elly[4] ist auf den ersten Blick eine zurückhaltende Chinesin, mit der es nicht weiter schwierig sein sollte, das Bett zu teilen. Wie selbstverständlich setzen sich Habib und Jerry auf unser Bett und schauen uns gespannt an, wie es denn jetzt weitergeht. Müde und genervt wie ich bin, wenn man mich aus dem Schlaf reißt, sage ich: „Ehhh thanks guys – good night then!“, was vermutlich nicht ganz

---

[4] Name von der Autorin geändert.

ihren Erwartungen entspricht. Etwas enttäuscht verlassen sie das Zimmer. Elly und ich genießen nun unsere wohlverdiente Zweisamkeit und machen es uns in unserem Bett bequem.

Nur etwa zwei Stunden später werde ich erneut aus dem Schlaf gerissen. Irgendwo in unmittelbarer Nähe findet eindeutig eine Party oder ein Konzert statt, denn ich höre laute Musik, eine grölende Menge und schlechte Boxen. Ich mache meinem Deutschsein alle Ehre und rege mich tierisch über den Lärm auf. „It's not even weekend!", schnaube ich Elly an, die mittlerweile auch wach ist. Diese Studenten vertragen heutzutage auch nichts mehr. Spießeralarm! Da ich aber nichts daran ändern kann, schnappe ich mir meine Ohropax und finde nach einiger Zeit wieder in den Schlaf.

Wie schon am Tag zuvor, krieche ich am nächsten Morgen nassgeschwitzt von der drückenden Hitze aus dem Bett und mache mich tagfertig. Mich zu schminken, was ich schon seit dem zwölften Lebensjahr mache, habe ich bereits gestern aufgegeben, denn es gibt keinen Spiegel. Außerdem stelle ich fest, dass es ziemlich dämlich war, meinen Fön und mein Glätteeisen einzupacken – abgesehen von der hohen Feuchtigkeit, die bei mir jegliches Frisieren unmöglich macht, kommt aus der Steckdose ohnehin nicht genug Saft. Zusammen mit Elly wackele ich ins Wohnzimmer, wo uns erneut das Dreiergespann aus Mummy, Habib und Jerry empfängt. Hat der kein Zuhause? Nachdem Mummy Elly mit der gleichen langwierigen Diskussion empfangen hat: „You are welcome ...", bekommen wir beide einen Berg Reis serviert – mit Stew versteht sich. Da ich schon weiß, was mich erwartet, reihe ich mich vorerst bei den Zuschauern ein und warte darauf, dass Elly ebenso triefend auf die Schärfe reagiert. Ich weiß, ich bin schadenfroh. Die Chinesin hingegen begutachtet ihren Teller argwöhnisch und isst zaghaft, zu meinem Bedauern allerdings ohne Schluckauf, ein Viertel ihres Reises. Da Elly nur sehr gebrochen Englisch spricht, dauert es eine Weile, bis sie der Familie erklärt hat, dass sie auf Diät ist. Ich hingegen habe in der Zwischenzeit bereits die Hälfte der Portion auf meinem Teller verschlungen. Trotz triefender Nase und tränender Augen kann mir also niemand sagen, dass ich keinen gesunden Appetit oder keinen Anstand hätte. Die Chinesin aber ist erstmal unten durch.

Als ich mich wenig später bei Habib über die nächtliche Ruhestörung beschwere, schaut der mich ganz entgeistert an: „That's church!" Meine Meinung über diese Party ändert sich schlagartig und ich kann es kaum noch erwarten, in die Kirche zu kommen. Ich denke an meinen letzten Kirchenbesuch in Deutschland zurück und kann gut verstehen, dass so viele Afrikaner noch gerne in die Kirche gehen – der Unterhaltungswert ist hier doch deutlich höher. Als ich mein Vorhaben lauthals verkünde, besteht Habibs Mutter darauf, dass wir dafür unbedingt nigerianische Kleidung bräuchten (ja, ja, ja!) und auch einen passenden nigerianischen Namen. Für Elly ist der richtige Name schnell gefunden: *Tosin.* Da der Namen so viel bedeutet wie „God is worthy to be served", Elly aber bekennende Atheistin ist, kann ich den weiteren Sinn dahinter nicht erkennen. Für mich müssen sie etwas länger überlegen. Nach langem Hin und Her und vielen Kichereien einigen sich die drei schließlich auf *Tokunbo*, was passenderweise mit „kam von Übersee“ übersetzt wird. Gemeinhin wird der Name allerdings ausschließlich als Bezeichnung für Secondhandware verwendet. Ich bin nicht gerade begeistert, akzeptiere jedoch die Namensgebung. Immerhin sind es tatsächlich wir Europäer, die ihre gebrauchten Klamotten in die Altkleidercontainer stecken und die dann als *tokunbo* in Afrika weiterverkauft oder verschenkt werden. Während meiner gesamten Aufenthalte in Lagos habe ich unzählige Schilder mit der Aufschrift *tokunbo* gesehen und noch heute lachen sich die Nigerianer schlapp, wenn ich ihnen meinen nigerianischen Namen nenne.

Nach nunmehr drei Tagen ziehe ich meine erste Bilanz über meine neuen Erkenntnisse:

1) Man isst genau das, was auf den Teller kommt – nicht mehr und nicht weniger. Wer auf Diät ist, muss also in der Küche aufpassen, wie viel aufgetischt wird.

2) Frauen, die offensichtlich in dem Alter sind, Kinder zu haben, nennt man Mummy. Das erleichtert einiges, finde ich.

3) Ein Knicks oder eine kleine Verbeugung ersparen jegliches Händeschütteln. Man kann wahlweise mit der Stirn den Boden berühren oder nur höflich mit dem Knie einknicken.

Die kommenden Tage vergehen ohne nennenswerte Ereignisse: Meistens fahren wir mit öffentlichen Verkehrsmitteln stundenlang und ziellos durch die Stadt. Einmal fährt uns auch ein sogenannter Freund von Habib in seiner

Prollkarre mit Minustemperaturen und lauter Hip-Hop-Musik durch die Straßen. Ebenso ziellos. In Summe bekomme ich das Gefühl, dass die beiden Jungs bemüht sind, sich an allen möglichen Orten mit der Deutschen und der Chinesin zu zeigen. Ständig versuchen sie, ihre Arme um uns zu legen, oder nehmen uns beim Über-die-Straße-Gehen an die Hand. Ich bin doch keine neunzig! Dass ich fast einen Kopf größer bin als die beiden, stört sie dabei nicht. Dafür bekomme ich einen immer besseren Eindruck von der Metropole Lagos mit knapp 15 Millionen Einwohnern, die einst die Hauptstadt Nigerias war[5].

Lagos teilt sich auf in Festland, auf dem alle Normalsterblichen leben, und die vorgeschalteten Inseln, die Nigerias reiche Elite und ausländische Geschäftsleute beherbergen. Hier sind auch die Annehmlichkeiten der westlichen Welt wie Kinos, Restaurants, Bars und Supermärkte angekommen, jedoch selbst für eine deutsche Studentin kaum erschwinglich. Für einen Apfel, ein Joghurt, Kaugummis und eine Packung Plantain-Chips bezahlt man hier schnell mal über fünf Euro – statt 50 Cent auf dem Festland. So kommt es auch, dass wir mit Habib und Jerry zwar in Kinos, Spielhallen und Fast-food-Restaurants hineingehen, aber nie etwas kaufen.

Es ist bereits eine Woche seit meiner Ankunft vergangen, und ich bin echt genervt. Kein Praktikumsplatz in Sicht, Freizeitaktivitäten gibt es kaum und der ganze Tag besteht quasi nur aus Rumhängen, im Verkehr feststecken und sich

---

[5] 1991 wechselte die Hauptstadt von Lagos nach Abuja.

von einer Mahlzeit zur nächsten hangeln. Täglich rufe ich Ekon an oder schlage direkt im Büro von Aiesec auf, um mich lauthals zu beschweren und um eine, irgendeine, Beschäftigung einzufordern. Immerhin versprechen sie jede Menge Praktika, laden zahlreiche ausländische Studenten auf eigene Kosten nach Nigeria ein und lassen sie dann herumsitzen. Das ist doch ein Unding! Ekon nennt mich nur noch liebevoll „Screaming Girl“ und schafft es immer wieder, sich durch Taub-und-stumm-Stellen oder lautes Summen aus der Affäre zu ziehen. Jeder, der mich kennt, weiß, dass ich ein To-do-Listen-Junkie bin und nichts mit mir anzufangen weiß, wenn die Liste leer ist. Krampfhaft versuche ich mich mit Wäschewaschen, natürlich mit der Hand, oder Tagebuchschreiben zu beschäftigen, um meine Zeit nicht nur unproduktiv abzusitzen. Il dolce far niente, das süße Nichtstun, wie es die Italiener nennen, kann ich nicht genießen. Ich habe schlechte Laune und Heimweh.

Konferenz in Abeokuta oder: Zweihundert Studenten und kein fließendes Wasser

Einen kleinen Trost stellen die anderen Praktikanten und Praktikantinnen dar, die ebenfalls, teilweise schon seit mehreren Wochen, ohne Aufgabe sind: vier aus Südkorea, eine aus Brasilien, einer aus Chile und einer aus Benin, ein unglaublich netter Junge namens Norentz. Von ihnen erfahre ich auch, dass Organisationen und Firmen viel Geld für die ausländischen Studenten an Aiesec zahlen müssen, und das, obwohl die eigentlichen Praktika unentgeltlich sind. Geschäftstüchtig wie die Nigerianer sind, haben sie also zig Praktikanten auf eigene Kosten aus aller Welt einfliegen lassen, nur um potenzielle Zahler schnell bedienen zu können. Und wir bezahlen mit unserer Zeit. Aber genug gelästert, es soll ja alles noch gut gehen.

Ich bin froh, als wieder eine kleine Abwechslung in unseren spannenden Alltag kommt: eine nationale Konferenz von Aiesec in Abeokuta, einer Stadt im Norden von Lagos, deren Name mit „Zuflucht zwischen den Felsen" treffend übersetzt ist. Ein schicker Kleinbus fährt uns zusammen mit allen Büromitarbeitern aus Lagos in den Norden des Landes, wo etwa zweihundert Studenten für drei Tage in einer Hotelanlage tagen werden. Neben den Mitgliedern der anderen nigerianischen Büros sind auch viele internationale Studenten aus Afrika, Europa und Südamerika vor Ort.

Blick vom Olumo Rock auf Abeokuta

Das ganze Event ist eine wertvolle Erfahrung und ein tolles Highlight: Es gibt traditionelle Tänze, Gesänge und Trommeleinlagen, internationale Abende, an denen entweder ein Nationalgericht oder Kostüme vorgestellt werden, lustige Bestrafungen für Zuspätkommer oder Teilnehmer ohne Unterlagen, wilde Partynächte und vor allem furchtbar nette Menschen, mit denen man gute und kontroverse Gespräche über Land, Religion und Kultur führen kann. Sogar das nigerianische Fernsehen Nollywood ist vor Ort, um Impressionen und die einzigartige Stimmung der Konferenz einzufangen. Leider habe ich während der Vorträge Schwierigkeiten am Ball zu bleiben, denn die Kombination aus Englisch, Pidgin und brutal schlechten Mikrofonen und Boxen macht mir den Inhalt des Gesagten fast unverständlich. Aber wie sagt man so schön: Es sind die Begegnungen mit Menschen, die das Leben lebenswert machen. So mache ich zum Beispiel Bekanntschaft mit einer österreichischen Studentin, die bis heute eine treue Unterstützerin meines späteren Vereins ist und zwei unserer Waisenkinder als Patin bis ins Studium begleitet hat. Die Konferenz ist also ein toller Ort, um zu netzwerken. (Rückblickend wünschte ich, ich hätte das damals schon verstanden und diese Möglichkeit noch viel mehr genutzt. Stattdessen finden sich in meinen Notizen zahlreiche Blümchen und andere Kritzeleien, und tatsächlich kann ich mich heute an keinen einzigen Inhalt mehr erinnern. Nichtsdestotrotz behalte ich die Konferenz in sehr guter Erinnerung, vor allem weil ich nie mehr so viele verschiedene Kulturen auf einem Haufen erleben durfte.)

So und jetzt kommt der Haken: Das Hotel, eigentlich eine moderne und stylische Anlage mit viel Grün, ist mit der Anzahl der Gäste heillos überlastet. Es fängt damit an, dass wir uns zu fünft ein Doppelzimmer teilen müssen. Zusammen mit Dorothea, einer deutschen Praktikantin aus dem Aiesec-Büro in Abeokuta, und drei netten Nigerianerinnen gilt es also, die Schlafplätze, zwei im Bett und drei auf dem Boden, auszuknobeln. Dank einer kleinen Berührungsneurose nehme ich vorerst mit einer der komfortablen Kojen auf dem Boden vorlieb, was die anderen Mädels dankend annehmen. Lieber schlafe ich auf einem harten Untergrund, als mit fremden Leuten in einem kleinen Bett zu kuscheln. Es reicht ja schon, wenn ich die verbleibenden sieben Wochen mit Elly Po an Po schlafen muss. Doch das geteilte Bettenlager ist noch der deutlich kleinere Haken.

Bereits nach der ersten Übernachtung kommt kein frisches Wasser mehr aus den Leitungen. Also kein Zähneputzen, kein Duschen und, ihr ahnt es: keine Toilettenspülung. Und das bei zweihundert Leuten. Da mein Darm auswärts ohnehin meist streikt, trage ich zwar nicht direkt zum Übel bei, aber es gibt ganz offensichtlich genug andere Teilnehmer, bei denen das nicht so ist. Bereits nach wenigen Stunden sind sowohl alle Zimmer, als auch öffentliche Toiletten dicht und die Räumlichkeiten fangen an zu riechen, und das ist noch nett ausgedrückt. Bedauerlicherweise kann das Problem bis zum dritten und letzten Tag der Konferenz nicht behoben werden. Es gilt also die Devise: Nase zu und durch.

Als Entschädigung, denn an die Geld-zurück-Garantie ist nicht zu denken, beschließen Ekon und eine andere nigerianische Studentin, die Praktikanten aus dem Aiesec-Büro in Lagos zu einer lokalen Touristenattraktion zu begleiten: *Olumo rock*, ein etwa hundertvierzig Meter hoher Felsen mit vielen Höhlen und Felsspalten. Er diente dem nigerianischen Volk der *Egba* als natürliche Festung in Zeiten des Krieges.

Am Vortag legen wir die geplante Abfahrtszeit auf 6.30 Uhr fest, was nach einer durchzechten Nacht eine besonders schmerzliche Uhrzeit ist, nur um dann auf die tatsächliche Abfahrtszeit sechs Stunden lang zu warten! Beziehungsweise warten nur Dorothea und ich, die zwei Deutschen, während der Rest in Ruhe ausschläft, frühstückt und die Zeit mit Quatschereien und sonstigen Albernheiten vertrödelt.

Als dann endlich um 12.30 Uhr ein herkömmliches Taxi vorfährt, bekomme ich eine Lachanfall. Teils aus Übermüdung, teils aus Verärgerung und teils aus schierer Ungläubigkeit, dass wir uns da zu sechst plus Fahrer reinquetschen sollen. Doch es hilft nichts. Also verbringe ich die nächsten fünfundvierzig Minuten auf dem Schoß des chilenischen Praktikanten, der vermutlich schon nach den ersten zehn Minuten seine Beine nicht mehr spürt. Da braucht man echt permanent jemanden, der einem die Ohrläppchen massiert, sonst kriegt man hier echt die Krise. Ich bin mir nicht sicher, ob *Olumo rock* für eineinhalb Stunden schmerzhafte Hin- und Rückfahrt entschädigen konnte, aber es war auf jeden Fall eine interessante Sehenswürdigkeit mit sportlichem Anspruch, die ich bei einem Besuch in Nigeria nur empfehlen kann.

Englisch, Pidgin, Yoruba oder: Hä?

Nigeria ist ein Land, dass sich durch zahlreiche Sprachen auszeichnet. Zwar ist die Amtssprache aufgrund der kolonialen Vergangenheit Englisch, jedoch kommt man damit abseits der Metropolen wie Lagos oder Abuja nicht wirklich weiter. Acht weitere Sprachen haben sich daher als offizielle Landessprachen durchgesetzt, da sie von den über fünfhundert anderen lokalen Sprachen sehr großen Bevölkerungsteilen zur Verständigung dienen. In weiten Teilen Südwest-Nigerias wird *Yoruba* gesprochen, welche mit über 30 Millionen Sprechern, neben *Hausa* und *Igbo*, zu den meistgesprochenen Sprachen in Nigeria zählt.

Während der Studentenkonferenz war vor allem Ekon ganz scharf darauf, mir ein paar Yoruba-Sprachkenntnisse beizubringen. Tatsächlich würde ich gerne Yoruba lernen, nur um die Reaktionen auf dem Markt zu sehen, wenn ich meine Eier auf Yoruba ordere.

Ich stelle mir das so vor: Ich quetsche mich durch die Menschenmassen auf dem Markt in Ikotun. Obwohl man kaum Platz zum Atmen hat, falle ich wegen meiner weißen Hautfarbe auf. Die Händler sind ganz wild darauf, mir etwas zu verkaufen, und schreien mir all ihre Waren und Preise ins Ohr:

„Oyinbo[6], Oyinbo, hey Ooooyiinbo, come and buy my oranges. Only fifty fifty Naira. “

Ich schüttle vehement meinen Kopf und versichere immer wieder: „No, I don’t need oranges.“

Schließlich bleibe ich vor einer sichtlich erfreuten Verkäuferin stehen und sage: „Mò fé ra èyin méjila joo.“

Erst würde sie wohl verblüfft schauen, eben genauso, wie wenn man von einem Afrikaner auf Sächsisch angesprochen wird. Aber dann würde sie vermutlich völlig durchdrehen, lachen und über den gesamten Marktplatz schreien: „Aaaahhh, haha, this Oyinbo speaks Yoruba!“, woraufhin noch weitere Nigerianer in ihr Lachen einfallen und sich darüber amüsieren würden, dass eine Weißwurst wie ich ihre Eier auf Yoruba bestellen kann. Ich gebe zu, ein bisschen profilneurotisch ist das schon, aber ich werde ja wohl noch spinnen dürfen.

Doch diese Vorstellung bleibt vorerst ein Traum, denn bislang sind alle meine Versuche, Yoruba zu lernen, kläglich gescheitert, obwohl ich behaupten würde, dass ich sprachentechnisch nicht untalentiert bin. Die fehlende Ähnlichkeit zu romanischen Sprachen, ein fehlender Gesprächspartner in Deutschland, eine Aussprache, bei der sich meine Zunge mehr verknotet als beim Französischen, und zahlreiche Punkte und Akzente auf den Buchstaben machen es einfach unmöglich, diese Sprache zu beherrschen. Nur so als Beispiel: *Ẹ̀ṣẹ́* heißt Faust, *Ẹ̀ṣẹ* heißt Sünde, *Ẹṣẹ́* heißt Mumps und *Ẹṣé* heißt Danke. Da soll mal einer

[6] Oyinbo ist das Yoruba-Wort für Kaukasier oder andere offensichtlich nicht afrikanische Menschen.

durchblicken. Bislang konnte ich nur wenige Vokabeln behalten und selbst die sorgen bei den Nigerianern immer noch für Lachanfälle, wenn ich sie zum Besten gebe: ***Báwoni*** (Guten Tag), ***Kilon ṣẹlẹ*** (Was geht ab?), ***Kini orúkọ ẹ*** (Wie heißt du?), ***Mo wa daada*** (Mir geht es gut), ***Emi kọ fẹ*** (Ich will nicht), ***Bẹ́ẹ̀ ni*** (Ja), ***rá rá*** (Nein) und mein absoluter Favorit ***Kosi wahala*** (kein Problem). Zwar ist ***Kosi wahala*** das weitaus weniger bekannte Pendant zu ***Hakuna Matata*** aus dem tansanischen Suaheli, jedoch ist es ebenso vielseitig einsetzbar und immer angebracht in jeder Lebenslage.

Ich glaube, ich habe bis heute noch nicht final aufgegeben, diese Sprache zu lernen, und vielleicht wird es einmal Teil meiner Neujahrsvorsätze, mich dieser Herausforderung erneut zu stellen. Immerhin ist Nigeria fast schon meine zweite Heimat und ich habe durch meine Aufenthalte in Lagos so viel für mein Leben dazulernen dürfen. Auch aus diesem Grund ließ ich mir 2015 den folgenden Spruch auf den Rücken tätowieren, um mich immer daran zu erinnern, welche Kraft in jedem von uns steckt, aus dieser Welt einen besseren Ort zu machen:

Òni ọrọ náá tí ò lé fi tún àyé sè[7]

Falls dieser Satz eigentlich „Ich esse gerne Kartoffeln mit Sauerkraut" bedeutet, bitte ich von Zuschriften abzusehen.

Neben Yoruba verständigen sich viele, vor allem junge Nigerianer, mit *Pidgin*, auch als *broken English* bekannt. Dies ist ein stark vereinfachtes Englisch, das im Zuge seiner

[7] Übersetzt heißt der Spruch so viel wie: Du hast die Worte/die Kraft, die Welt zu verändern.

Entwicklung auch allerlei andere nicht-afrikanische Einflüsse erfahren hat. Grund dafür ist, dass sich Pidgin als Kommunikationsmittel zwischen den einheimischen und den spanischen, portugiesischen, französischen oder asiatischen Händlern entwickelt hat, denn es fehlten auf beiden Seiten ausreichend Sprachkenntnisse, um den jeweils anderen zu verstehen, geschweige denn einen Handel abzuwickeln. Wenn ich mit Nigerianern spreche, habe ich den Eindruck, dass viele gar nicht mehr genau wissen, ob das Wort jetzt Englisch oder Pidgin ist. So verwendet man zum Beispiel als Begrüßung: „How far", als Frage nach dem Befinden: „How you dey?" und als Antwort: „I dey fine". Englische Kurzformen wie *don't* werden einfach mit *no* umgangen: „I no want" oder „I no need". Prinzipiell kommt man ins Pidgin viel leichter rein als ins Yoruba, aber vielleicht fehlt es mir auch nur am nötigen Fleiß.

Was ich jedoch schon gut beherrsche und nach Aufenthalten regelmäßig nach Deutschland importiere, ist das zustimmende „Eheeeee". Sobald man also die Meinung des Konversationspartners teilt oder das Gesagte unterstreichen will, wirft man einfach ein lautes „Eheeeee" in das Gespräch ein. Mit einer Handgeste oder einem Fingerschnipsen kann man seine Zustimmung noch verstärken, was den anderen meistens zusätzlich anstachelt, seine flammende Rede fortzuführen. Ein sehr charmantes und lustiges Konversationsmittel, das ich übrigens auch schon in anderen afrikanischen Ländern wie Tansania und Südafrika gehört habe.

Faszination Geld oder: Manche Nigerianer haben es faustdick hinter den Ohren

Zurück aus Abeokuta sind Elly und ich gezwungen, weitere US-Dollars in nigerianische Nairas umzutauschen. Habib und Jerry begleiten uns. Natürlich! Da Ekon die erste Transaktion ohne mich unternommen hat, komme ich erst jetzt in den Genuss, dieses Schauspiel mitzuerleben.

Zur Abwechslung nehmen wir den preiswerten, staatlich geförderten BRT-Bus, steigen an einem belebten Platz aus und bleiben einfach irgendwo mitten auf dem Gehweg stehen. Wie schon so oft kommen mir die Mittel und Wege in Nigeria spanisch vor und ich wundere mich immer wieder, dass trotzdem alles einigermaßen funktioniert. So auch diesmal, denn nach nur wenigen Augenblicken nähern sich uns mehrere hochgewachsene Männer in weißen, bodenlangen Gewändern, die unentwegt zirpen und „Want to exchange dollars?“ flüstern. Obwohl wir US-Dollars tauschen wollen und Elly und ich ihnen sicherlich sofort hinterhergelaufen wären, tun Jerry und Habib erst einmal reserviert, schütteln kaum merklich den Kopf und schauen in eine andere Richtung. Nachdem die Geldwechsler ein drittes Mal an uns vorbeigelaufen sind, folgen wir ihnen unaufgefordert und ohne ein Wort mit ihnen zu wechseln durch schmale Gassen bis in ein kleines Hinterzimmer. Drei weitere Männer empfangen uns und fordern uns auf, neben ihnen auf den staubigen Polstermöbeln Platz zu nehmen. Die weiß gekleideten Agenten sind schnell wieder in den Gassen verschwunden – vermutlich um weitere Kunden anzuwerben.

Habib schnappt sich das Geld von Elly, denn Geldgeschäfte sind offensichtlich Männersache oder zumindest Nigerianersache. Der erste Geldwechsler sieht sich die Dollarnoten genau an und teilt sie in zwei Stapel. Er erklärt uns, dass all jene Dollarnoten auf dem linken Stapel landen, die entweder vor 2001 gedruckt wurden oder ihr Wert weniger als fünfzig Dollar ist. Sie unterliegen einem schlechteren Wechselkurs als der rechte Stapel, der ausschließlich neuere und werthöhere Scheine enthält. Habib fängt sofort an zu diskutieren und tatsächlich, nach einer Weile landen einige Noten des linken Stapels auf dem rechten. Im Anschluss beginnt der zweite Geldwechsler, anscheinend der Mann mit der Macht über den Taschenrechner, die Anzahl an Naira-Noten zu berechnen, die wir im Austausch für unsere Dollar-Noten bekommen. Er geht zu jedem Einzelnen hin und zeigt ihm seine Rechnung auf dem Taschenrechner, bis wirklich alle von seinen Fähigkeiten und der Richtigkeit seiner Kalkulation überzeugt sind. Der dritte Geldwechsler ist für den eigentlichen Tausch zuständig. Er holt einen Sack Naira-Noten aus einer Schublade und fängt an, sie abzuzählen. Der wertvollste Schein beläuft sich auf 1.000 Naira, damals nur etwa 5 Euro, weswegen der gute Mann einige Zeit beschäftigt ist, bevor er uns mehrere Bündel an Geldscheinen überreicht. Da gleiches Recht für alle gilt, beginnt Habib sofort die dreckigsten und kaputtesten Scheine wieder auszusortieren und neue zu verlangen. Letztendlich endet die Transaktion damit, dass alle

Anwesenden die Noten noch einmal nachzählen, sich die Hände schütteln und um Weiterempfehlung bitten:

„Tell all your friends. We have the best rates."

Ich bin mehr als amüsiert, als wir nach schlappen dreißig Minuten das stickige Zimmer wieder verlassen, denn ich kann mir gleich mehrere Möglichkeiten vorstellen, wie man das ganze Prozedere effizienter gestalten könnte. Inzwischen hat das weltweit kostenlose Bargeldabheben mit Kreditkarte dieses ulkige Schauspiel zumindest für mich überflüssig gemacht, was ich sehr schade finde.

Obwohl der Geldwechselprozess auf dem Markt mehr als korrekt abgelaufen ist und jeder jeden zigmal kontrolliert hat, sollte man bezüglich Geld trotzdem immer Augen und Ohren offen halten und vor allem sein Hirn einschalten. Angenehmerweise machen die Nigerianer selten einen Hehl daraus, dass sie einem Geld aus der Tasche leiern wollen und man muss nicht hinter jeder Ecke einen Betrug erwarten. Die Studentenkonferenz kostet für Weiße dann einfach 1.500 Naira statt 1.000 Naira und Produkte auf dem Markt sind auf einmal das Doppelte wert. Klar handelt es sich dabei selbst für meinen studentischen Geldbeutel nur um Kleinbeträge, aber wer will schon ständig mehr bezahlen als der Rest?!

Für den Großteil der mir bekannten Nigerianer würde ich aber die Hand ins Feuer legen und nicht selten ist es mir passiert, dass mich ein Nigerianer auf dem Markt zu irgendetwas eingeladen hat. Es gibt natürlich auch ein paar Schlitzohren, aber gibt es die nicht überall? Da ist zum Beispiel diese Sache mit dem Internet: Habib hat uns angeboten, für insgesamt etwa 30 Euro eine Internetverbindung in seinem Haus zu installieren. Teilweise, weil wir uns vermutlich einmal zu oft beschwert haben, aber sicher auch, weil er gerne selber das WWW unsicher machen will. Heute kann ich über meine eigene Blauäugigkeit nur schmunzeln, denn bis heute kenne ich keinen nigerianischen Haushalt mit funktionierendem Internet. Die meisten Nigerianer haben lediglich mit dem Handy Zugang zum Internet, und selbst wenn man sich für eine WLAN-Verbindung entschieden hat und auch das nötige Kleingeld dafür hat, heißt das noch lange nicht, dass es dann auch funktioniert. Trotzdem laufen Elly und ich zusammen mit Habib zur Bank und zahlen brav unser Geld auf das vermeintliche Konto des Internetanbieters ein. Dann passiert tagelang erst einmal gar nichts und wir beginnen, uns von Neuem zu beschweren. Als wir unser Geld zurückfordern, meint Habib mit zuckenden Schultern nur: „Was weg ist, ist weg." Doch da hat er die Rechnung ohne das deutsche Screaming Girl gemacht. Kurzerhand rufe ich den Vorstand von Aiesec in Lagos an und beschreibe ihm schimpfend unsere missliche Lage. Zwar ist dieser sichtlich empört, immerhin hat Aiesec einen Ruf zu verlieren, aber trotzdem muss ich noch einige Telefonate führen, bis wir an meinem letzten Praktikumstag unser Geld zurückerhalten.

Heute würde ich es vermutlich einfach gut sein lassen, aber damals habe ich es als derart ungerecht empfunden, dass ein Student aus wohlhabenden Kreisen die ausländischen Praktikantinnen bescheißt. Ich war ja ohnehin schon sauer, weil uns Jobs versprochen wurden, die letztendlich gar nicht existierten, und Habibs Dreistigkeit hat dann das Fass zum Überlaufen gebracht.

Die Nigerianer betrügen sich natürlich auch untereinander. Es wird zum Beispiel viel Geld mit Visa-Versprechungen gemacht, wobei schamlos ausgenutzt wird, dass viele Nigerianer Amerika oder Europa als das gelobte Land ansehen und vermutlich ihre Seele verkaufen würden, um dorthin zu gelangen. Eine mir bekannte Nigerianerin, die mittlerweile nach Mexiko ausgewandert ist, verspricht ihren Landsleuten ein mexikanisches Visum für den Fall, dass man ihr fünf Millionen Naira, etwa 25.000 Euro, überweist. Leider sind ihr bislang gleich mehrere Personen auf den Leim gegangen und haben sich für diese Summe bei Freunden, Verwandten oder gar der Bank vermutlich lebenslang verschuldet. Auch junge Studenten, die den Wunsch hegen, im Ausland zu studieren, fallen oft auf derartige leere Versprechungen herein. Sie wissen schlichtweg nicht, dass Visa in der Regel nicht durch Privatpersonen, sondern mittels eines offiziellen Verfahrens durch den Staat genehmigt werden. Auch ich erhalte immer noch viele Anfragen, ob ich jemandem helfen könnte, nach Deutschland zu gelangen, und hätte mir damit vermutlich schon ein goldenes Näschen verdienen können.

Obwohl die Nigerianer so manche Gelegenheiten nutzen, um einem noch etwas mehr Geld aus der Tasche zu locken, ist mir tagsüber auf den Straßen nie jemand zu nahegetreten oder hat gar den Versuch unternommen, mich zu bestehlen. Bedenkt man, dass in Nigeria etwa die Hälfte der 200 Millionen Einwohner in extremer Armut leben, also mit weniger als 2 US-Dollar am Tag, finde ich das entgegen meinen anfänglichen Erwartungen wirklich erstaunlich.

Eigentlich kann ich mich nur an einen Vorfall von Diebstahl erinnern: Ich stehe mit Godwin, meinem späteren Praktikumsgeber, an einer Haltestelle in der Schlange und wir warten auf den Bus. Es ist ein unnormal heißer Tag und die Menschenmassen um uns herum machen die Hitze nicht gerade erträglicher. Ein Taschendieb will einem adrett gekleideten Mann, der sich ein paar Plätze vor uns eingereiht hat, die Brieftasche entwenden. Er bereut es jedoch gleich, denn der Mann erwischt ihn und verprügelt und tritt den armen Kerl trotz seines lumpigen Aussehens, bis er blutend am Boden liegt. Ich weiß nicht, was schlimmer ist: die Prügel oder die Reaktionen der Umstehenden, die alle auf den armen Schlucker herabschauen, lachen und diese Selbstjustiz anscheinend als gerechtfertigt ansehen.

Dass ich mich vor Ort sicher fühle und oft auch allein unterwegs bin, liegt daran, dass ich den gut gemeinten Rat der Einheimischen befolge: Bleib zu Hause, wenn es dunkel ist, und wenn der Rock zu kurz, die Schultern zu frei oder das T-Shirt zu eng sind, dann zieh dich lieber noch einmal um. Letzteres ist relativ einfach umzusetzen, die Dunkelheit zu meiden, ist manchmal schon schwieriger. Denn stundenlanger Stau macht einem oft einen Strich durch die Rechnung. Zwar war es am Anfang meines Aufenthaltes schwer zu verstehen, warum ich nicht einfach allein ins Internetcafé laufen oder nach einer Party ein Taxi nach Hause nehmen kann, doch in Nigeria ist es wirklich ratsam, den Anweisungen der Locals zu folgen. Damit ist man buchstäblich auf der sicheren Seite. Sich frei und sicher zu bewegen, ist ein wirkliches Privileg, das ich erst erkenne, als ich es nicht mehr habe.

Politisch korrekt oder: Ich bin weiß und ihr seid schwarz

Vor meinem ersten Aufenthalt in Nigeria schwang immer ein leichtes Unbehagen mit, wenn ich gezwungen war, einen Menschen mit dunkler Hautfarbe zu betiteln. Ich wette, es geht vielen anderen nicht-schwarzen Menschen ebenso. Im Umkehrschluss bin ich völlig perplex, als ich an meinem zweiten Tag in Afrika aus Ekons Studentenbude herauslaufe und eine Frau völlig ungeniert auf mich zeigt und „White!“ murmelt.

„Did this women just call me white?“, frage ich in einem hohen, empörten Tonfall.

„Mmh“, antwortet mir Ekon mit sichtlichem Desinteresse.

„White people would never point and call a black person black!“, versuche ich Ekon von der politischen Korrektheit der Deutschen zu überzeugen.

„Well …“, gibt mir Ekon mit einem Schulterzucken zur Antwort und steigt ins Auto.

Ich kann gar nicht sagen, warum mich das so schockiert und fast schon beleidigt hat, dass mich diese Frau auf offener Straße als weiß bezeichnete. Aber da ich immer wieder erlebt habe, mit welcher Selbstverständlichkeit sich die Nigerianer selbst als *black* bezeichnen, wurde das Thema auch für mich immer weniger ein Politikum. Inzwischen habe ich kein Problem mehr, wenn mich andauernd jemand mit „white“ oder „Oyinbo“ anspricht, dem Yoruba-Begriff für Weiße oder Ausländer. Manchmal höre ich sogar die Betitelung „yellow“, denn genauso wie die Schwarzen für uns anfänglich alle gleich aussehen, können die Afrikaner nicht zwischen einem Europäer und einem Asiaten unterscheiden.

Trotzdem bin ich mit meiner Hautfarbe in der Millionenmetropole Lagos eine Außerirdische. Obwohl mittlerweile immer mehr weiße Geschäftsleute in bestimmten Stadtteilen zu sehen sind, haben viele Nigerianer noch nie eine weiße Person „in echt“ getroffen. Da braucht man sich auch nicht zu wundern, wenn Kinder vor einem zu tanzen beginnen oder angstvoll losbrüllen und heulend wegrennen oder erwachsene Menschen einen anfassen wollen. Vor allem die glatten und helleren Haare sind für viele Afrikaner Faszination pur, und jeder, also absolut jeder, will dein Freund sein. Auch den ein oder anderen Heiratsantrag habe ich bekommen, aber da diese vermutlich meiner Hautfarbe und meinem „dicken Bankkonto“ geschuldet waren, habe ich bislang alle dankend abgelehnt.

Nigerianischer Charme oder: Diarrhöe und andere nette Dinge

Die Studentenorganisation versucht uns bei Laune zu halten und lädt uns ein, auf einer Fundraising-Veranstaltung unser Landesgericht zu kochen. Die Idee, ein fränkisches Bratengericht, genannt Schäufele, zu kochen, verwerfe ich noch in der gleichen Sekunde, da ich bezweifle, dass ich alle Zutaten hierfür auf einem nigerianischen Markt bekomme. Letztendlich traue ich hier keinen Produkten, die auf eine funktionierende Kühlkette angewiesen sind, und damit fallen alle Gerichte mit Käse, Sahne, Fleisch, Fisch, Milch oder Butter raus. Kurz: alles, was schmeckt. Schließlich lande ich mit meinen Überlegungen bei Rührei mit Kartoffeln und Tomaten. Nachdem alle Zutaten eingekauft sind, fällt den Nigerianern auf, dass wir nur einen kleinen Camping-Kocher für neun Praktikantengerichte zur Verfügung haben. Typisch! Belustigt spende ich meine Lebensmittel den koreanischen Praktikanten, die tütenweise koreanische Spezialitäten und Gewürze in ihren Koffern dabeihaben und daher auf derartige Situationen weitaus besser vorbereitet sind als ich. Das Event und vor allem das koreanische Essen sind eine nette Abwechslung zum täglichen Nichtstun. Außer zahlreichen Fotos mit Fremden und einer Fast-Prügelei zwischen Ekon und einem bulligen Aufseher, der vermutlich eine zweite Standgebühr eintreiben will, habe ich viel Spaß mit den anderen Studenten, der Musik und der guten Stimmung.

Kein Wunder also, dass wir im Anschluss an die Veranstaltung noch eine Bar aufsuchen wollen, um ein bisschen Party zu machen. Da Elly darauf keine Lust hat und zusammen mit Habib nach Hause will, verspricht mir Ekon, mich im Anschluss an die Party dorthin zu begleiten. Zusammengequetscht fahren wir mit dem Auto zu einer zwielichtigen Bar, in der viel zu starker und billiger Rotwein ausgeschenkt wird und ausschließlich Nigerianer sind. Obwohl es definitiv keine Bar zum Tanzen ist, sieht man immer wieder einzelne Nigerianer, wie sie von ihren Stühlen aufstehen und einfach lostanzen, weil sie das Lied gerade toll finden. In einer deutschen Diskothek, wo sich jeder ziert, die Tanzfläche als Erster zu betreten, undenkbar. Doch die Afrikaner haben Musik und Tanz einfach im Blut und es ist genauso normal oder vielleicht sogar noch normaler als spazieren zu gehen. Es wird immer später und ich befürchte schon, dass ich eine weitere Nacht mit Ekon das Bett teilen muss, denn das nächtliche Lagos ist einfach zu unsicher, um noch weite Distanzen mit dem Auto zurückzulegen. Gott sei Dank erbarmt sich Marina, eine brasilianische Praktikantin, und lädt mich ein, die Nacht bei ihr zu verbringen.

Ich weiß nicht, ob es am koreanischen Essen oder am billigen Rotwein lag: Kaum haben wir ihr Zimmer betreten und es uns auf der großen Matratze bequem gemacht, fängt mein Bauch an zu rumoren. Wer es bis jetzt noch nicht gemerkt hat: Das Thema Toilette, vor allem in Nigeria, beschäftigt mich sehr. Wie vermutlich viele Urlauber mache ich mir immer im Voraus schon Gedanken, ob, wie oft und vor allem wo ich auf Toilette gehen kann. Erscheinen mir die Rahmenbedingungen nicht optimal, muss ich meistens erst gar nicht. So leider nicht dieses Mal: Ich muss aufs Klo und zwar pronto! Ich schaffe noch, es mir zu verkneifen, bis Marina eingeschlafen ist, eile dann ins Bad, ein paar Türen weiter, und lasse den Dingen ihren Lauf. Als ich nach wenigen Minuten auf die Klospülung drücke, stelle ich fest, dass diese nicht funktioniert. Mein Albtraum! Okay, jetzt nur keine Panik, Christina. Ich versuche mich also zuerst als mittelmäßiger Klempner und fuhrwerke im Spülkasten herum. Vergebens! Anschließend durchsuche ich alle Schränke und das Beste, was ich finden kann, ist eine alte löchrige Keksdose in der Küche. Ich renne also ungefähr zwanzig Mal zwischen Küche, wo ich Gott sei Dank eine gefüllte Wassertonne entdecke, und Klo hin und her, bis die Toilettenschüssel wieder einigermaßen respektabel aussieht. *Too much information* würden die Amerikaner jetzt sagen, aber ich finde, man kann auch mal auf die Alltagsprobleme einer Afrikareise aufmerksam machen.

Ich schaffe es, noch drei Stunden zu schlafen, bis Ekon gut gelaunt und frisch geduscht vor der Tür steht, um mich abzuholen. Ich bin froh, den Schauplatz des Verbrechens zu verlassen. Wir sitzen zusammen mit Norentz, dem Praktikanten aus Benin, im Taxi und, wie könnte es auch anders sein, schlängeln uns knapp zwei Stunden durch die verstopften Straßen von Lagos. Diese Zeit nutzt Ekon um eine weitere Charmeoffensive zu starten:

„You smell."

Wusaaa. Ich brauche ein paar tiefe Atemzüge, um meine Fassung wiederzugewinnen, und entgegne zickig:

„Yes Ekon, that's what happens if you bring me to an unexpected pajamas party without pajamas, clothes to change, a toothbrush or the possibility to shower."

Warum grinst der jetzt so blöd?! Nach wenigen Stunden Schlaf und meiner wilden Affäre mit der Toilette, bin ich jetzt echt nicht für derlei Scherze zu haben.

Diesen Charme hat Ekon übrigens mit allen anderen Nigerianern gemein, denn noch direktere Menschen gibt es, glaube ich, gar nicht. Mein erstes Erlebnis in dieser Hinsicht war tatsächlich auch mit Ekon in einem Internetcafé an der Uni. Ganz begeistert habe ich via Facebook allen meinen Lieben Nachrichten geschrieben und Fotos geschickt. Ekon sitzt interessiert hinter mir – noch so eine Unart, die mir in nigerianischen Internetcafés aber ziemlich oft passiert – und deutet auf mein Profilbild.

„I thought you were very skinny."

„But now that you see me in person … do you think I am fat?"

„Yes."

Schluck. Das kann man sich nicht schönreden. In Deutschland gelte ich als absolut normal mit meinen Einssiebzig und einundsechzig Kilo, aber hier muss man sich mit extrem schlanken Frauen messen, die erst mit der ersten Schwangerschaft schlagartig zunehmen. Dass ich fett bin, wurde mir noch so einige andere Male bestätigt, zum Beispiel von Jerry, der, als ich ihm etwas zu essen anbot, antwortete:

„No, I am not eating, I don't want to get fat like you."

Von den Kindern, die ich später kennenlernen sollte, spielte Seun immer mit meinem Winkearm, Frauen wissen, was ich meine, und Praise fragte mich gleich mehrmals:

„Aunty Christina, are you fat?"

Doch den ultimativen Beweis hierfür erhalte ich, als ich das erste Mal in Nigeria bei einer Schneiderin bin, um mir ein traditionelles nigerianisches Kostüm anfertigen zu lassen. Beim Vermessen meiner Oberschenkel und meines Hinterteils fängt die Schneiderin an zu lachen und meint nur:

„Oh this one ate too much yam."

Mein erstes nigerianisches Kleid

Spätestens jetzt kann ich es nicht mehr leugnen: I am fat in Nigeria. Das ist keineswegs böse oder beleidigend gemeint, sondern lediglich eine Feststellung, ähnlich wie bei black und white. Inzwischen genieße ich es sogar, mein eigenes Taktgefühl ab und zu links liegen zu lassen und den mir bekannten Nigerianern, vor allem Männern, nachdem sie geheiratet haben, ganz ungeniert zu sagen: „Wow, you've gotten very fat.“

Mein erster Lehrauftrag oder: Deutschland liegt in Amerika

Nach einer gefühlten Ewigkeit kommen Ekon, Norentz und ich bei Habib an und ich nehme eine lang ersehnte Dusche. Als ich mit nassen Haaren und einem frischen Outfit ins Wohnzimmer komme, empfängt mich neben den vier bekannten Gesichtern auch ein junger Nigerianer, der mich überschwänglich und mit einer unerwartet hohen Stimme begrüßt.

„Welcome to Nigeria, my sister. God bless you!"

„Eh, thank you. Nice to meet you", entgegne ich und schaue die anderen in der Hoffnung auf eine weitere Erklärung erwartungsvoll an. Ekon ergreift das Wort und erklärt mir freudig, dass er einen ersten Job für Elly und mich an Land gezogen hat. Zusammen mit Godwin, so heißt der fröhliche Unbekannte nämlich, sollen wir in einer staatlichen Secondary School über HIV und AIDS sprechen – und zwar schon heute. Statt ihm dankbar um den Hals zu fallen, was er sicherlich von seiner permanent nörgelnden Deutschen erwartet hat, reagiere ich völlig überfordert:

„But I don't know anything about HIV and AIDS …"[8]

---

[8] Obwohl sich das Praktikum laut Ausschreibung rund um das Thema HIV und AIDS dreht, wurden keinerlei Vorkenntnisse vorausgesetzt.

„Noooo problem. I will teach you“, sagt Godwin in seiner hohen Stimme und strahlt dabei wie ein Honigkuchenpferd. Bevor ich noch weitere Bedenken äußern kann, sitzen wir auch schon im Taxi und fahren Richtung Schule. Ein bisschen ängstlich versuche ich jede brauchbare Information aus Godwin herauszubekommen, doch der ist bestens gelaunt, tiefenentspannt und eher an einem netten Pläuschchen interessiert. Mir bangt vor meinem Vortrag und die Kinder tun mir jetzt schon leid.

Nur wenige Straßen weiter hält unser Taxi auf einem großen Campus mit mehreren langen Schulgebäuden, deren Zustand darauf hindeutet, dass hier zu viele Kinder mit zu wenig Geld unterrichtet werden. Staatliche Schulen in Nigeria sind kostenfrei und daher völlig überlaufen mit Kindern, deren Eltern sich die Schulgebühren der Privatschulen nicht leisten können. Klassenräume beherbergen teilweise mehr als hundert Schüler und ähneln eher einem meterlangen Carport als einem Schulzimmer. Zwischen den Gebäuden sieht man nur den für Lagos typischen roten Sandboden, der sich bei Regen in einen riesigen Bolzplatz verwandelt und dafür sorgt, dass Schuluniformen, Rucksäcke und Schuhe täglich gereinigt werden müssen.

Als wir eintreffen, sehen wir schon von Weitem den aufgeregt winkenden Schuldirektor, der uns sehr freundlich empfängt und in eines der größten Schulgebäude führt. Ich zähle bestimmt zwanzig lange und vollbesetzte Bank- und Stuhlreihen und bezweifle, dass man in der letzten auch nur einen einzigen Buchstaben auf der Tafel lesen kann. An der Wand stehen einige Gartenstühle bereit, die für unser Fünfergespann, bestehend aus Godwin, Norentz, Ekon, Elly und mir, vorgesehen sind. Als uns der Schuldirektor bittet, Platz zu nehmen, entdecken uns die ersten Schüler und es bricht das reinste Chaos aus. Die Kinder winken uns aufgeregt zu, schreien sich die Neuigkeiten über mehrere Bänke hinweg zu, singen und tanzen wild durcheinander und freuen sich sichtlich über die Ankunft der zwei Bleichgesichter. Der anwesende Lehrer hat Mühe, die Schülerschaft auf ihre Plätze zurückzubringen, und es dauert einige Minuten, bis man zumindest sein eigenes Wort wieder verstehen kann.

Godwin tritt als Erster vor die Schüler und versucht sich an einem Icebreaker. Dabei hebt er immer wieder einen imaginären Ball auf, ruft laut „I pick the ball …“ und fordert die gut zweihundert Schüler dazu auf, es ihm im Kanon gleichzutun. Ich weiß nicht, ob es an der Übung selbst oder an Godwins Stimme liegt, aber es herrscht ein noch lauteres Gelächter und Gegacker als davor. Es wird erst ruhiger, als er die Kinder mehrmals mit „Praise the lord“ zu einem einstimmigen „Hallelujah“ animiert. In ständiger Interaktion mit den Kindern spricht er ganz offen über die Gefahren von Infektionskrankheiten, ungeschütztem Geschlechtsverkehr und Gruppenzwang. Und bevor ich mich versehe, fordert er „our friend from Germany“, also mich, auch schon auf, ans Mikrofon zu kommen. Ich will es Godwin gleichtun und starte mit einer interaktiven Fragerunde. Die Kinder lernen von klein auf, die Fragen des Lehrers im Chor zu beantworten, und ich erinnere mich noch heute an die lautstark gebrüllten Antworten der Schüler:

„Do you know where Germany is?“ – „IN AMERICA!”

„Do you know my native language?" – „DUTCH!"

„Apart from our skin color, do you think there is any difference between me and you?" – „YES!"

Mal abgesehen davon, dass viele deutsche Schüler die genaue Lage oder Sprache von Nigeria auch nicht kennen, haben die nigerianischen Schüler bei der letzten Frage technisch gesehen recht. Worauf ich aber eigentlich hinauswollte, war, dass alle Menschen von Grund auf gleich sind und niemand vor bestimmten Krankheiten gefeit ist. Sich zu schützen ist daher für jeden einzelnen wichtig, egal woher er stammt oder wie er aussieht.

Meine Fragen beantworten die Schüler im Chor

Da meine Fragen etwas nach hinten losgegangen sind, wechsle ich spontan die Strategie und brabble wild darauf los. Ich versuche alles zu wiederholen, was Godwin mir noch auf der Autofahrt erklärt hat, bin aber schon nach wenigen Minuten fertig. Schulterzuckend drehe ich mich zu Godwin um, der strahlt, als wäre das der beste Vortrag, den er je gehört hat. Dankend beendet er meinen traurigen Auftritt mit den Worten: „Clap for her! I said clap for her!“, was mir einen tosenden Applaus einbringt.

Ich fühle mich wie ein Rockstar, der zwar seinen Auftritt vermasselt hat, aber dennoch von der Menge geliebt wird. Rückblickend war es vermutlich auch halb so schlimm, denn die größte Aufmerksamkeit der Kinder galt ohnehin meiner Hautfarbe, und falls doch noch etwas an Inhalten durchgesickert sein sollte, dann nur durch den Filter der schlechten Lautsprecher und meinem für die Schüler unverständlichen Schulenglisch. Im besten Fall wissen die Kinder jetzt, dass Deutschland in Europa liegt und nicht in Amerika.

Als auch die anderen Vortragenden fertig sind, folgt noch das in Nigeria absolut Unumgängliche: ein Gruppenfoto. Dabei spielen wir verschiedene Stellungen und Personenkonstellationen durch und es vergeht eine halbe Stunde, bis der Fotograf zufrieden ist. Da es mein erstes Fotoshooting dieser Art ist, mache ich das gesamte Prozedere brav mit.

Zehn Jahre und einige Aufenthalte in Nigeria später, bin ich weitaus weniger geduldig und breche das Ganze spätestens nach zwanzig Fotos ab. Bei einem unserer Strandbesuche bin ich einmal sogar so genervt, dass ich anfange, für jedes Foto mit mir Geld zu verlangen. Zwar nur umgerechnet 50 Cent, aber hey, selbst die Nigerianer finden es zum Schreien komisch und bezahlen bereitwillig.

Vor allem bei Schulevents ist es wichtig, dass man nicht auf die braunen Kulleraugen eines kleinen Mädchens hereinfällt, das einen um ein Foto bittet. Dann ist man nämlich mindestens eine weitere halbe Stunde beschäftigt, um mit jedem anderen Schüler auch noch für ein Foto zu posieren. Witzigerweise ist es einigen von ihnen gar nicht so wichtig, dass ich auch mit auf dem Bild bin – Hauptsache sie kriegen eine coole Pose zustande, die dann für immer auf der Digitalkamera eines Oyinbo verewigt ist.

So zumindest in der Theorie, wäre da nicht mein „bester" Freund Ekon. Auf der Heimfahrt nimmt er sich nämlich meine Digitalkamera und blättert durch die Bilder der letzten zwei Wochen. Ich werde immer nervöser, als ich ihn dabei beobachte, wie er planlos auf den Tasten herumdrückt.

„No, no let me do it. I understand German", entgegnet er mir, als ich ihm die Kamera abnehmen will, und zeigt mir nach einem kurzen Augenblick die leuchtenden Worte auf dem Display: „Ihre Bilder wurden erfolgreich gelöscht." Ich brauche euch nicht zu sagen, dass ich meinem Ruf als Screaming Girl erneut alle Ehre mache.

Einige Wochen darauf passiert mir doch tatsächlich das Gleiche noch einmal. Ich verleihe die SD-Karte meiner Kamera und bekomme sie mit einem Virus zurück. Wieder alle Fotos futsch. So beschließe ich, elektronische Geräte nie wieder an nigerianische Pseudo Technikexperten zu verleihen. Ein Wunder, dass ich überhaupt mit verwertbaren Bildern nach Deutschland zurückgekehrt bin.

Nigerianisches Essen oder: Nummer 2 lässt auf sich warten

Liebe Leserinnen und Leser, hier ist es wieder: mein Lieblingsthema. Ich war seit Tagen nicht mehr auf der Toilette. Als ich dieses Buch geschrieben und mir dafür meine Sammlung an alten Tagebüchern durchgelesen habe, bin ich immer wieder über Sätze gestoßen, die mich über Erfolge und Misserfolge bezüglich Nummer 2 informierten. Entgegen meiner einmaligen Affäre mit der löchrigen Keksdose war es nämlich meistens so, dass mir die kohlenhydratreiche Ernährung der Nigerianer den Gang zur Toilette gleich für mehrere Tage verwehrt hat. Vermutlich sollte ich in einem Buch nicht zu viel über dieses Thema schreiben, aber da ich in einer Familie groß geworden bin, bei der jedes Gespräch zwangsläufig auf das Thema Stuhlgang hinausläuft, an dieser Stelle möchte ich meinen lieben Opa grüßen, kommen wir einfach nicht drum herum.

Bevor ich aber zum eigentlichen Thema Essen komme, nehme ich euch mit auf einen Gang über den Markt, der sich als deutlich aufregender und vor allem bunter gestaltet als bei uns in Deutschland. Lagos ist von der braun-rötlichen Farbe des Sandes geprägt, der sich als Staub auf Häusern, Autos und Straßen festsetzt. Dennoch gibt es jede Menge wunderschöner bunter Farbklekse, die tolle Bilder ergeben. Zuerst einmal fallen die Kostüme der Männer und Frauen auf, die in allen erdenklichen Farben schillern und vor allem auf der braunen Hautfarbe einfach toll aussehen: Pink, Giftgrün, Sonnengelb, Rubinrot oder Ozeanblau – nur gedecktere Farben wie Beige, Grau und Schwarz sieht man selten. Aber nicht nur die Kleidung, sondern auch die Hauswände, Schulmauern und Autos sind in allen möglichen knalligen Farben bemalt. Nicht zu vergessen das farbenfrohe Obst und Gemüse und die Unmengen an verschiedenen Stoffen, die man für Kleidung und Haus kaufen kann.

Quirliges Treiben auf dem Markt von Ikotun

Verschwindet man dann zwischen den Marktständen und schlängelt sich die engen überdachten Gässchen entlang, kommt man mit viel Glück zu dem Ort, wo Cassava und andere Wurzeln gemahlen werden und wo die dunkelhäutigen Verkäufer von oben bis unten mit weißem Staub bedeckt sind. In diesem Labyrinth findet man auch allerlei exotische Produkte, wie Affenköpfe, gegrillte Kuhhaut und süßen Honig, der vermutlich nur aus Gründen der Authentizität tote Bienen enthält. Bei einem Labortest, den eine gute Freundin mit meinem süßen Mitbringsel vollzog, kam nämlich heraus, dass dieser Honig zwar zahlreiche Bestandteile aufweist – aber nicht einen einzigen Tropfen Bienenhonig. Ich möchte mich also erneut bei allen Freunden und Familienangehörigen für dieses Souvenir entschuldigen.

Aber eigentlich möchte ich ja über das nigerianische Essen sprechen. Natürlich denkt jeder, dass seine heimische Küche besonders lecker, besonders abwechslungsreich und besonders einzigartig ist. Deswegen verzeiht mir, liebe Nigerianer, wenn es sich in meinen Augen mit der nigerianischen Küche anders verhält. Es gibt drei Grundnahrungsmittel – Reis, Yam (ein Wurzelgemüse) und Cassava (ein anderes Wurzelgemüse; bei uns vielleicht eher unter dem Namen Maniok bekannt), wovon die letzten zwei oftmals in Mehlform zu einem teigigen Kloß verarbeitet werden. Diese drei Gerichte gibt es abwechselnd mit grüner oder roter Sauce. Früh, mittags und abends. Ganz wichtig: Die Portionsgrößen müssen einen Blauwal satt bekommen. Es wird kaum Obst, Gemüse oder Fleisch angeboten, dafür aber für zwischendurch einen Maiskolben, Instant Noodles oder ein Meat Pie. Das Allerschlimmste – ich wünschte, das hätte mir vorher mal jemand gesagt –, es gibt keinen Kaffee zum Frühstück. Katastrophe! Kein Wunder, dass mein Darm dort oft den Dienst verweigert. Man sollte meinen, dass einen zumindest die zum Weinen scharfe Sauce ordentlich durchräumt – aber Fehlanzeige. Inzwischen reise ich daher nicht mehr ohne Kaffee nach Nigeria und halte mich streng daran, nur einen statt drei Berge Kohlenhydrate am Tag zu mir zu nehmen. Da man sich sehr wenig bewegt und ich ja ohnehin schon fett genug bin, brauche ich sowieso nicht allzu viel zu essen.

Eine besondere Meinung habe ich über das Nationalgericht der Yoruba-Ethnie: *Àmàlà*. Ich will ganz ehrlich sein: Es schmeckt mir überhaupt nicht. Tatsächlich denke ich, dass mir viele Nigerianer beipflichten würden.

Zum ersten Mal esse ich Àmàlà zusammen mit Habib und Jerry in einem sogenannten Restaurant alias Straßenverkauf. Erwartungsvoll setzen sich Elly und ich auf die schmutzigen Plastikstühle rund um einen noch schmutzigeren Tisch. Die Kellnerin bringt uns vier silberne hundenapfähnliche Schalen, in denen sich ein brauner Teigkloß, meist aus Yam-Mehl, bedeckt mit grünem Schleim befindet. Garniert ist das Ganze mit nicht ganz fellfreier Kuhhaut. Noch mal: Es tut mir leid, liebe Nigerianer, aber es sieht echt unappetitlich aus und schmeckt auch so. Wer Lust hat, kann einfach mal „Àmàlà Nigeria" bei einer Suchmaschine eingeben und sich mit den Fotos einen Eindruck verschaffen – bedenkt bitte, dass das dann schon die Gourmet-Versionen sind. Da ich nicht unhöflich sein will, stecke ich meinen Löffel immer wieder in den Napf, wohl darauf bedacht, dass ich ausschließlich den Teigkloß erwische. Habib und Jerry hingegen scheint es sichtlich zu schmecken, sie kauen und zerren an der zähen Kuhhaut und formen den Teig gekonnt mit den Fingern zu kleinen Kugeln und tunken sie in die grüne Sauce. Für mich jedoch war es definitiv meine erste und letzte Portion Àmàlà.

Es gibt natürlich auch nigerianische Gerichte, die ich sehr gerne esse: *Fried Rice* mit Curry, Erbsen und Zwiebeln, *Jollof Rice* mit Tomatenbrühe und mein ungeschlagener Favorit („my best food", wie die Nigerianer sagen würden) *Fried Plantain* – bei uns vielleicht bekannt als frittierte Kochbananen. Die sind für wenige Cents an jeder Ecke und leider auch in jeder Qualität zu bekommen. Nach einer Weile findet man aber heraus, welche gut und welche weniger gut schmecken. Am besten sind die *Home Fried Plantain*, aber Achtung, das sind richtige Kalorienbomben.

Papaya: eine süße Abwechslung zur kohlenhydratreichen Ernährung in Nigeria

Umgekehrt geht es den Nigerianern mit der europäischen Küche recht ähnlich. Ich will einigen Nigerianern eine Freude machen und sie in die Leckereien der italienischen Küche einführen. Da Pizza noch nicht sehr populär ist, muss ich bei den Zutaten etwas improvisieren: Ich kaufe zwei quadratische Bleche auf dem Markt, die alles andere als feuerfest aussehen, belege sie mit Skizzenpapier und verteile darauf einen Teig aus Mehl und Wasser. Hefe gibt es nicht. Anschließend mache ich zwei kleine Feuerchen, um die Kohle zu erhitzen und den Teig à la Steinofen zu backen. Als Topping gibt es Frischkäse, Mais, Ananas, Paprika, Zwiebeln, Salatgurken und Tomaten. Leider geht mein Plan nicht ganz auf, denn der Pizzateig verbackt sich mit dem Skizzenpapier, der Rand brennt an und die Mitte bleibt roh. Der Pizzabelag aber ist lecker, weswegen ich mich mit einem Löffel ans Werk mache und ihn sorgfältig vom Teig schaufle. Meine Gäste tun es mir gleich, rennen aber bei nächster Gelegenheit um die Ecke, um das ekelige Gemisch aus Frischkäse und Gemüse wieder herauszuwürgen. Stattdessen zerteilen sie den Teig in kleine Kügelchen, legen diese erneut zum Backen auf das Blech und essen anschließend das geschmacklose Pizzabrot genussvoll auf. Ähnlich geht es mir auch mit anderen Speisen wie Schokoknuspermüsli, das ich extra importiert habe, einer nicht scharfen Spaghettisauce oder einem Salat mit Tomaten, Avocado und Orangendressing. Immer beobachte ich die Nigerianer dabei, wie sie das Essen einigermaßen unauffällig verschwinden lassen, um sich bei nächstbester Gelegenheit noch einmal Reis oder andere Kohlenhydrate reinzuschaufeln. Nun ja, Geschmäcker sind eben verschieden.

Godwin Kudi oder: Eine langjährige Freundschaft beginnt

Nach langen zwei Wochen Nichtstun – der Job in der Schule bleibt eine einmalige Aktion – trudelt endlich die Nachricht ein, dass zumindest Elly eine Praktikumsstelle antreten darf. Das Beste daran: Ich darf mit, solange ich noch nicht anderweitig gebraucht werde. Was genau uns bevorsteht, erfahren wir schon wenige Stunden später, als der wie immer strahlende Godwin Kudi an das große Tor zu Habibs Paradies klopft und uns überschwänglich begrüßt: „Hellooooo again, welcome to Nigeria, hihi."

Vielleicht sollte ich Godwin noch ein paar Zeilen widmen, bevor es mit der Geschichte weitergeht. Godwin Kudi, von vielen einfach nur „Doctor" genannt, ist ein kleiner, damals noch schlanker Nigerianer mit großen lieben Augen, wovon eines stark schielt, und, wie schon erwähnt, mit einer bemerkenswert hohen Stimme. Nicht nur einmal höre ich ihn dabei, wie er Anrufern versucht zu erklären: „No, I'm not my wife, it's me, Godwin!"

Seit ich ihn kenne, hat er immer gute Laune, kann sich gut über sich und andere amüsieren, redet und diskutiert unglaublich gerne und kommt chronisch zu spät. Er ist damals etwa Ende zwanzig und als Sozialarbeiter mit medizinischen Kenntnissen in verschiedenen Einrichtungen aktiv: Berater im Lagos Hospital, Administrator eines Youth

Friendly Centers, Organisator von sogenannten Medical Programms, wie zum Beispiel Gruppenimpfungen für Polio oder Medikamentenausgaben für Malaria, und freier Redner für Themen rund um HIV und AIDS. Gerade Letzteres ist seine absolute Passion, denn Godwin liebt es zu reden – er kann es auch wirklich gut, selbst unvorbereitet, nur findet er oft kein Ende, egal ob privat oder beruflich. Es ging mir schon mehrfach so, dass ich dachte: „Wow, Godwin, das ist jetzt eine starke Botschaft und ein rundes Ende deiner Rede“, dabei hatte er sich gerade erst warmgeredet, um das bereits Gesagte immer und immer wieder zu wiederholen. Bei offiziellen Vorträgen muss man ihm mindestens dreimal einen Zettel zustecken, auf dem steht: „Please close in five minutes“, „Please close in one minute“, „Close now!!“, bevor er zu einem abrupten Ende kommt.

Dass ein Nigerianer so viele verschiedene Jobs hat, ist prinzipiell nicht ungewöhnlich, denn selten reicht eine Arbeitsstelle aus, um sein Leben, geschweige das einer Familie zu finanzieren. Es ist daher weit verbreitet, dass zum Beispiel ein Architekt auch Pfarrer, Lehrer oder Busfahrer ist. In Godwins Fall ist es aber sein großes Herz, das ihn für all seine Tätigkeiten brennen lässt. Als wären seine bezahlten Jobs nicht schon genug für eine Person, ist er obendrein auch noch Leiter eines Waisenhauses, das er aus eigener Tasche finanziert und in dem wir unser Praktikum absolvieren sollen.[9]

Godwin fordert uns auf, unsere Koffer zu packen, denn anscheinend gibt es zusammen mit dem Praktikum auch eine neue Unterkunft. Obwohl Habibs Haus recht komfortabel ist, sind weder Elly noch ich wirklich böse darüber, die zwei nervigen Heiratsanwärter Habib und Jerry loszuwerden. Da uns vorher niemand Bescheid gesagt hat, dass ein Umzug ansteht, müssen jetzt alle Anwesenden auf uns warten, bis wir unsere sieben Sachen fertig gepackt haben. Obwohl ich dachte, dass mein Gepäck schon groß und schwer ist, ist es nichts im Vergleich zu Ellys überdimensionalem pinken Koffer. Als wir mit unserem Reisegepäck aus der Haustür kommen, werfen sich Godwin und Habib vielsagende Blicke zu; beim Anblick unseres Transportmittels weiß ich auch, warum. Statt eines geräumigen Taxis steht ein dreirädriges Gefährt, ein sogenanntes *Tuk Tuk,* vor dem Eingangstor, das ich normalerweise nur aus italienischen Werbespots für leckere Al-forno-Pizza kenne. Aber wie schon gewohnt kennen die Nigerianer keine Platzprobleme und wir sind in nur wenigen Minuten zwischen unseren Koffern eingequetscht. Godwin teilt sich den Vordersitz mit dem Fahrer. Wir hängen ordentlich durch und knallen mit dem Unterboden immer wieder auf die unebene lehmige Straße.

---

[9] Auch Godwin hat sich verpflichtet, die Zahlungen für uns Praktikanten an Aiesec zu leisten. Ich habe jedoch einige Male mitbekommen, dass er mit Ekon im Streitgespräch darüber war. Ich glaube, letztendlich hat er sich aus den finanziellen Verpflichtungen herausgequatscht.

An unsere Koffer geklammert werden wir ordentlich durchgeschüttelt, kippen mehrfach fast aus den Sitzen und müssen immer wieder die Knie anziehen, sobald wir durch tiefe Wasserpfützen fahren. Godwin kiekst und wiehert bei unserem Anblick die ganze Fahrt über und ich muss zugeben, dass auch ich einen Mordsspaß habe.

Nach vier Stunden kommen wir in unserem neuen Zuhause an. Das Haus macht einen ebenso anständigen und sauberen Eindruck wie das von Habib, doch die Einwohner sind echte Spitzenklasse. Eine rundliche Frau in den Fünfzigern öffnet uns mit einem strahlenden Lächeln und eingehüllt in ihren *Wrapper* – ein großes Tuch, das man ähnlich wie ein Handtuch um den Körper schlingt – das Tor. Ihr Name ist Margareth, aber wie ich schon vorher lernen durfte, scheinen Frauen ihre Vornamen zu verlieren, sobald sie Mutter geworden sind, und daher wird sie uns als Mummy vorgestellt. Sie sagt bis auf „Welcome" nicht sehr viel und ist sichtlich über unsere Ankunft erfreut. Drei ihrer erwachsenen Kinder, Ife, Emmanuel und Toiyn, sind auch da und machen einen ebenso netten Eindruck. Ellys erste Frage, ob die Toilette denn eine funktionierende Spülung habe, wird bejaht – für uns sogleich eine Entschädigung für das neunzig Zentimeter breite und extrem durchgelegene Bett, das wir uns von nun an teilen sollen. Zu meiner großen Freude ist Norentz, der Praktikant aus Benin, auch hier untergebracht. Natürlich in einem anderen Zimmer, Ordnung muss sein! Zusammen mit uns wird er morgen ebenfalls sein Praktikum antreten. Doch heute sollen wir uns noch einmal ausruhen, damit wir morgen fit für die

Arbeit sind. Zwar ist es erst Mittagszeit, aber einen weiteren Tag mit Gammeln zu verbringen macht jetzt auch keinen Unterschied mehr.

Nach einer ungemütlichen Nacht – Hintern an Hintern mit Elly, die eine ähnliche Berührungsneurose zu haben scheint wie ich – werden wir am nächsten Tag um halb neun von unserer neugewonnenen Mummy geweckt. Obwohl wir um 9 Uhr verabredet sind, haben wir uns schon komplett auf das nigerianische Zeitgefühl eingestellt und erwarten Godwin nicht vor zwölf. Doch diesmal sollen wir überrascht werden, denn Punkt 9 Uhr steht ein lachender Godwin in Begleitung von zwei ebenso strahlenden Kindern vor unserer Haustür, um uns abzuholen. Der Junge, sein Name ist Praise, nimmt mich sofort bei der Hand und entpuppt sich als sehr guter Wegbegleiter. Gekonnt zeigt er mir den saubersten und trockensten Weg durch die Straßen von Lagos und hat meine Hand fest im Griff, als wir über tiefe Pfützen springen müssen. Wer hätte gedacht, dass ich mit 22 Jahren mal einen Zehnjährigen mehr brauche als er mich. Zusammen mit dem Mädchen namens Ibukun führt er Elly und mich ins *Future Hope Orphanage Home* (kurz FHOH). Ich weiß, das klingt jetzt kitschig, aber diese Begegnung soll mein Leben komplett verändern und mir so jung schon den Sinn im Leben zeigen.

Unsere FHOH-Rasselbande

Die Straßen von Lagos oder: I am on my way

Lagos – Center of Excellence, so steht es auf den Nummernschildern aller in Lagos registrierten Fahrzeuge. Mir ist durchaus bewusst, dass die Infrastruktur in einer Megacity wie Lagos mit über 14 Millionen Einwohnern keine leichte Aufgabe darstellt, aber der, der sich diesen Spruch ausgedacht hat, ist meiner Meinung nach meilenweit an der Wahrheit vorbeigerauscht. Wo soll ich anfangen?

Befestigte Straßen sind 2010 noch eine Rarität und existieren nur zwischen vielbefahrenen Orten und Städten. Meistens sieht es so aus, dass einfach eine bestimmte Strecke breit geteert wird, wobei Spurenbegrenzungen, sowohl an den Seiten als auch zwischen den Fahrspuren, Geschwindigkeitsvorgaben und andere wichtige Anker der Straßensicherheit den Nigerianern selbst überlassen werden. Es herrscht Anarchie, funktioniert aber trotzdem irgendwie. Heute, über zehn Jahre später, hat sich bereits schon einiges gebessert. Die Regierung nahm viel Geld in die Hand, um viele wichtige Verbindungsstraßen zu teeren, die Einhaltung der Straßenverkehrsordnung zu garantieren – offenbar gibt es sie doch – und die Befahrung sicherer zu machen.

Ein Problem existiert aber nach wie vor: Schlaglöcher. Es ist mir wirklich ein Rätsel, wie derart riesige Löcher in eine geteerte Straße kommen können. Diese sorgen für permanentes Verkehrschaos. Denn obwohl es offensichtlich ist, dass manche Löcher nur von Motorrädern oder Fahrzeugen mit entsprechendem Bodenabstand und ordentlicher Federung passierbar sind, versuchen es alle anderen Fahrzeuge trotzdem. Reihenweise schlagen die Fahrzeuge mit dem Unterboden auf, Lkws kippen seitlich um und viele vollbeladene Busse kommen aus so einem Loch ohne die Mithilfe aller Passagiere erst gar nicht wieder heraus. Doch Lagos wäre nicht „Center of Excellence", wenn es hierfür keine intelligente Lösung hätte: Flüssiger Teer wird vielerorts von grell-orange bekleideten Männern aus blechernen Gießkannen in die Löcher gegossen. Es ist so nutzlos, wie es klingt, und deswegen sind es oft die Anwohner, die versuchen, die Löcher mit zusätzlichem Bauschrott, Ziegelsteinen und sonstigem Müll zu stopfen. Die Durchfahrt wird dadurch zwar holpriger, aber sie gelingt deutlich besser, wenn auch nicht immer mit heilen Reifen.

Neben den befestigten Straßen bestehen alle anderen Wege aus dem für Lagos typischen roten Sand. Hier könnte man ebenso gut vorankommen, wenn es nicht mindestens zweimal im Jahr wochenlang regnen würde. Literweise Regenwasser reißt metertiefe Furchen und gigantische Löcher in die Straßen, die sich im Handumdrehen in unpassierbare dreckige Swimmingpools verwandeln. Dagegen schauen die Schlaglöcher in den betonierten Straßen regelrecht winzig aus. Natürlich verschwinden diese Risse auch in der Trockenheit nicht, weswegen man oftmals viele Umwege in Kauf nehmen muss, um an sein Ziel zu kommen. Auf einem Motorradtaxi kann es fast noch lustig sein, sich durch den Hindernisparcours zu schlängeln und zu hoffen, dass man trocken und ohne Sturz ankommt. Wenn man aber in einem alten VW-Bus sitzt, eingequetscht zwischen zwanzig anderen Passagieren, das Wasser zu den Türen hereinquillt, der Wagen ständig mit dem Unterboden aufknallt und man trotzdem keinen Meter vorankommt, ist das Ganze doch etwas nervig.

Egal ob befestigt oder unbefestigt, auf den Straßen von Lagos ist immer irgendwo Stau. Grund 1: Es gibt einfach zu viele Menschen, die jeden Tag von A nach B unterwegs sind. Grund 2: Es hält sich einfach keiner an die Straßenverkehrsordnung oder fährt zumindest mit gesundem Menschenverstand und etwas Voraussicht.

Hier ein paar Beispiele: Lieber fährt der nigerianische Autofahrer noch einen weiteren Zentimeter in die verstopfte Kreuzung hinein, anstatt zu riskieren, dass sich ein anderes Fahrzeug gemäß Reißverschlussverfahren in seine Spur einordnen kann. Wenn der nigerianische Autofahrer mal fünfzig Meter kein Auto vor sich hat, dann drückt er das Gaspedal durch, als gäbe es kein Morgen mehr. Hier tun mir besonders die Straßenverkäufer leid, die dem Fahrer gerade etwas durch das Fenster verkauft haben, zum Beispiel Getränke, Snacks, Handyzubehör oder Haushaltsgegenstände aller Art, und dann mit ihren Flipflops meterweit sprinten müssen, um an ihr Geld zu kommen. Geht auf der eigenen Spur gerade einmal nichts voran, sei es wegen eines Schlaglochs oder einer Polizeikontrolle, überholt der nigerianische Autofahrer einfach auf der Gegenspur und schert einige hundert Meter weiter wieder ein – oder auch nicht. Der nigerianische Autofahrer kennt kein rechts vor links, keine roten Ampeln und kein Reißverschlussverfahren, denn jeder will so schnell es geht an sein Ziel. Als wäre das noch nicht genug, um die bestehende Infrastruktur heillos zu überlasten, fährt der nigerianische Autofahrer zu allem Überfluss noch Fahrzeuge, die in Deutschland schon vor zwanzig Jahren nicht mehr durch den TÜV gekommen wären. Hunderte Fahrzeuge bleiben daher jeden Tag auf den ohnehin schon verstopften Straßen liegen und werden auch nur manchmal wieder abgeholt, je nachdem, ob man hofft, sie noch einmal reparieren zu können, oder nicht. Zahlreiche Unfälle und kilometerlange Staus sind die logische Konsequenz. Ein ewiger Teufelskreis.

Hier lohnte sich die Reparatur wohl nicht mehr …

Natürlich habe ich als ordnungsgewohnte Deutsche leicht reden und vermutlich würde ich meinen Fahrstil ebenso anpassen, müsste ich täglich kostbare Lebensstunden in einem fünfunddreißig Grad heißen Fahrzeug im Stau verbringen. Also verzeiht es mir bitte, liebe Nigerianer, wenn ich eure Verkehrssituation etwas parodiert habe, denn es ist ganz klar der Auftrag der Regierung, hier für Ordnung zu sorgen.

Wenn man in diesem Chaos zumindest nicht selbst am Steuer sitzen will, hat man vor Ort noch einige weitere Transportmittel zur Auswahl: Es gibt große staatlich geförderte BRT-Busse[10], die inzwischen ihre eigenen Fahrspuren haben, sehr günstig und komfortabel sind. Allerdings weiß man nie, wann und ob sie kommen. Da sich an den BRT-Haltestellen oft Händler oder Passanten befinden, sind alle Busse mit einer Hupe ausgestattet, die der Lautstärke eines Martinhorns gleichkommt (mindestens!).

Alle Strecken, die nicht von den großen BRT-Bussen bedient werden, werden von umgebauten, meist gelben VW-Bussen befahren. Diese sind komplett ausgeschlachtet, um im Inneren circa zwanzig Personen auf harten Stahlbänken unterzubringen. Die Wände sind unverkleidet, weswegen man sich bei jeder Bodenunebenheit den Kopf oder die Knie schmerzhaft anstößt. Da es, zumindest für mich, keine ersichtlichen Haltestellen gibt, kommt dem Fahrer die wichtige Aufgabe zu, alle Haltestellen im permanenten Singsang aus dem Fenster zu schreien. Ein wirklich ulkiges Schauspiel. Anscheinend lohnt sich eine Fahrt finanziell nur, wenn der Bus komplett vollgestopft ist, und so wartet man oft einige Zeit, bis es tatsächlich losgeht. Wobei Passagiere wieder aussteigen, wenn es zu lange dauert, was die

---

10 BRT steht für Bus Rapid Transit

Wartezeit erneut verlängert. Kostenfrei oder für einen reduzierten Fahrpreis kann man auch Personen auf dem Schoß mitnehmen. Meistens ist es aber so, dass gleichzeitig viel zu viele Leute einsteigen wollen und der Busfahrer es nicht für notwendig erachtet, den Wagen komplett zum Stehen zu bringen. Folglich kommen die Passagiere wie Dominosteine vor dem Bus zum Fallen und zetteln anschließend einen riesigen Streit an. Zu Recht! Was ebenfalls zu viel Streit führt, ist das beträchtliche Alter der VW-Busse, das regelmäßig zu Pannen, insbesondere platten Reifen führt. Der Fahrpreis wird natürlich freiwillig nicht so schnell erstattet.

Möchte man etwas schneller vorankommen, gibt es noch die dreirädrigen Tuk Tuks, überdachte und mit einer breiten Rückbank ausgestattete Vespas. Tuk Tuks sind zwar etwas teurer als die Busse, aber meistens auch deutlich schneller, da sie auch auf kaputten oder vollgestopften Straßen gut vorankommen.

Ist einem das immer noch nicht schnell genug, bleiben nur noch *Okadas* übrig – gering motorisierte Motorradtaxis, die zwar einen verhältnismäßig stolzen Preis haben, einen aber schnell ans Ziel bringen. Stau gibt es für Okadas praktisch nicht, weswegen man unglaubliches Ladegut auf diesen kleinen Gefährten beobachten kann: Von drei bis vier Schulkindern, zahlreichen Bananenstauden, sperrigem Baumaterial, mehreren Reissäcken, lebenden Hühnern oder Ziegen bis hin zu toten Kühen habe ich alles schon gesehen. Auch ich musste bereits die Leistungskapazität eines Okadas voll ausschöpfen und meinen überdimensionalen Koffer auf den Gepäckträger schnallen, da ich sonst mein Flugzeug nicht mehr erwischt hätte.

Mit der Sicherheit ihrer Passagiere hingegen nehmen es die Okada-Fahrer nicht so genau, und so habe ich schon die ein oder andere brenzlige Situation miterlebt. 2012 wurde zumindest die Helmpflicht eingeführt, jetzt müssen sich nur noch alle daran halten. Zwar kontrolliert die Polizei das Tragen der Helme hin und wieder, aber die Okada-Fahrer sind so flink, dass sie den Polizisten geschwind ausweichen oder schnell die Fahrtrichtung wechseln. Bislang ist es mir nur einmal passiert, dass die Flucht meines Okada-Fahrers misslang, da er während des Manövers doch glatt einen Fußgänger umgefahren hatte. Der Arme kassierte dann gleich zweimal Prügel – von dem Fußgänger und vom Polizisten, der uns letztendlich doch noch einholte.

Wer jetzt denkt, zu Fuß zu gehen, wäre die sicherste und bei kurzen Strecken vielleicht sogar die schnellste Fortbewegungsmöglichkeit, den muss ich leider enttäuschen. Innerhalb der Städte befinden sich nämlich etwa einen Meter tiefe Gräben an den Straßenrändern, in denen sich Müll, Schlamm und blauschimmerndes Abwasser sammeln. Viele von ihnen, aber lange nicht alle, sind mit großen wackeligen Betonsteinen abgedeckt und dienen als Gehweg. Mein absoluter Horror ist es, in einen dieser Gräben hineinzufallen – vermutlich würden mich die Giftstoffe innerhalb weniger Minuten komplett zerfressen. Deshalb hüpfe ich immer hochkonzentriert über die Abdeckplatten oder laufe direkt auf der sandigen Straße und nehme lieber den gefährlichen Verkehr in Kauf. Noch schlimmer ist es, an den Schnellstraßen entlangzulaufen, denn es gibt zwar mittlerweile seitliche Betonbegrenzungen, um Fußgänger zu schützen, jedoch oftmals kilometerweit keine Straßenübergänge. Jeden Tag kann man zahlreiche Frauen und Männer dabei beobachten, wie sie mit Mühen über den Betonzaun klettern und unter lautem Hupen so schnell sie können über die Straße rennen.

Der Verkehr ist auch die einzige Entschuldigung, die ich gelten lasse, wenn es um Pünktlichkeit geht. Jeder Europäer hat sicher schon einmal das Gerücht gehört, dass Afrikaner, zusammen mit den Latinos dieser Welt, nicht die allerpünktlichsten sind. Ob jetzt die Nigerianer extrem oder nur normal unpünktlich sind, kann ich nicht beurteilen, aber als sehr pünktliche Deutsche haben sie mich während meines ersten Aufenthalts komplett in den Wahnsinn getrieben. Wenn ihr jetzt denkt, dass Ekon mit vier bis fünf Stunden Verspätung schon das Ende der Fahnenstange ist, dann habt ihr Godwin noch nicht erlebt! Der verbringt nämlich so viel Zeit in langsam vorankommenden Verkehrsmitteln, dass es unsicher ist, ob er überhaupt kommt. Da Godwin regelmäßig auch von anderen Nigerianern wütende Anrufe bekommt, wo er denn bleibe, hat er eine besondere Strategie entwickelt. Er antwortet stets: „I am on my way."

Personen, die ihn noch nicht kennen, geben sich mit der Antwort meist zufrieden. Personen, die ihn schon etwas besser kennen, wissen, dass er noch so weit entfernt ist, dass er sich nicht traut, eine Zeitangabe zu machen. Es ist nicht nur einmal vorgekommen, dass ihn Mary, seine spätere Frau, zur Strafe nicht mehr ins Haus gelassen hat, weil er sich mehrere Stunden verspätet hatte.

Future Hope Orphanage Home oder: Mein Leben bekommt mehr Sinn

Im Waisenhaus angekommen stürmt mir sofort eine ganze Kinderschar entgegen und begrüßt mich freudig. Nur drei davon, Praise, Ibukun und Seun, gehören zum eigentlichen FHOH, während die restlichen Kinder zu den anderen Anwohnern gehören. Das Waisenhaus ist nämlich nicht wirklich ein Haus, sondern besteht lediglich aus zwei kleinen Zimmern in einem Mehrparteienhaus. Bevor ihr euch jetzt ein großes Gebäude mit mehreren separaten Wohnungen vorstellt, denkt bitte noch einmal an Ekons Studentenbude zurück. Im Endeffekt ist es nicht mehr als ein langer, offener Korridor ohne Haustür, von dem links und rechts Zimmer mit hühnerstallähnlichen Schwingtüren abgehen. Zwei davon führen in die Schlafstätten der FHOH-Kids. Es ist dunkel im Inneren, da das anliegende Haus so nah ans Fenster gebaut wurde, dass kaum Sonnenlicht einfällt. Es riecht streng nach Urin und anderem Muff, was offensichtlich an den durchgelegenen und mehrfach vollgepinkelten Matratzen liegt. Eine richtige Toilette oder Dusche gibt es nicht, sondern nur ein Gemeinschaftsloch im Boden und einen kleinen dunklen Raum für die Eimerdusche. In einem weiteren dunklen Raum befindet sich die Küche, wobei es vielmehr eine halbüberdachte Kammer ist, in der die Anwohner ihren Gas- oder Kerosinkocher stellen und ihre Gerichte zubereiten können. In Summe eine wirklich unterirdische Lebenssituation für alle Anwohner.

Nur Godwins lichtdurchflutetes Büro im vorderen Teil des Gebäudes ist annehmbar und dient den Kindern daher als Hauptaufenthaltsraum. Hier können sie in Ruhe spielen, Hausaufgaben oder ein geruchsfreies Nickerchen machen. Alle drei Kids haben ihre Eltern durch AIDS verloren und wurden, trotz negativer HIV-Tests, von ihren Verwandten verstoßen. Auch wenn es nicht viele Kinder sind, bin ich von Godwins Engagement hin und weg. Von seinem kleinen und unregelmäßigen Gehalt als Berater im Lagos Hospital bezahlt er Unterkunft, Verpflegung und Schulausbildung für im Grunde drei fremde Kinder. Noch dazu organisiert Godwin in seiner freien Zeit kostenlose Impfungen, Untersuchungen oder Medikamentenausgaben für größere Zielgruppen, die er dann im FHOH abhält. Am Wochenende tingelt er von Kirche zu Kirche und von Organisation zu Organisation, um Gelder und sonstige Sachspenden für all seine Aktivitäten zu sammeln. Obwohl nur unwesentlich älter, sind wir in unserer Freizeitgestaltung doch sehr unterschiedlich. Hut ab!

On my way mit Godwin

Doch wie kann es sein, dass sich Verwandte weigern, ihre nachweisbar gesunden Familienmitglieder aufzunehmen? Stigmatisierung und unwissenschaftliche Panikmache durch den Staat sind meiner Meinung nach dafür verantwortlich, dass sich Familien oder gleich ganze Dörfer gegen eine Person wenden, die irgendwie mit dem Virus in Verbindung gebracht wird. Kinder, aber auch Erwachsene in den ländlichen Teilen des Landes verhungern und verdursten regelrecht, weil sie von der Gesellschaft ausgegrenzt werden und niemand mehr bereit ist zu helfen. Auch wenn HIV in Nigeria deutlich weiter verbreitet ist als in der westlichen Welt, ist die Ansteckungsgefahr doch um ein Vielfaches geringer als beispielsweise bei Corona oder Ebola. Stand 2022 liegt die HIV-Rate in den sechsunddreißig Bundesstaaten Nigerias zwischen sechs und unter einem Prozent.

Godwin hat sich daher zum Ziel gesetzt, die Diskriminierung gegen HIV- und AIDS-Infizierte zu stoppen und eine neue Generation von toleranten, aber ebenso verantwortungsbewussten Menschen heranzuziehen. Hierfür ist es ihm besonders wichtig, mit Jugendlichen über die Risiken einer Ansteckung insbesondere durch ungeschützten Geschlechtsverkehr zu reden, da vor allem die Neun- bis Sechzehnjährigen zu den Hauptgefährdeten gehören. Die Aufklärungsarbeit in Schulen und anderen Einrichtungen wird daher auch für mich ein wichtiger Bestandteil meines Praktikums.

Und dafür muss ich mir erst einmal selbst Wissen aneignen. Godwin bringt uns spontan bei drei Schulungen unter und wir lernen das Wesentliche über HIV und AIDS, über die Rechte von Infizierten, über andere sexuell übertragbare Krankheiten, aber auch über Kommunikation, Werte und Gruppenzwang unter Jugendlichen. Jetzt fühle ich mich deutlich informierter, wenn ich bei lokalen Charity-Veranstaltungen, Gottesdiensten, Schulen oder lokalen Politikern vorsprechen muss. Dabei ist mir stets bewusst, dass ein Großteil der Aufmerksamkeit meiner Hautfarbe geschuldet ist. Aber wenn ich damit etwas Gutes tun kann …

Was mir neben den Vorträgen deutlich mehr Freude bereitet, ist die direkte Arbeit mit Menschen insbesondere mit Frauen und Kindern. So kommen regelmäßig größere Gruppen von Frauen mit ihren Babys ins FHOH, um sie kostenlos gegen bekannte Kinderkrankheiten wie Polio oder Masern impfen zu lassen. Während die Frauen auf den Bänken in und vor dem Waisenhaus warten, stimmen sie immer wieder Gebete und Gesänge an, was ihnen gleichzeitig die Zeit vertreibt und die weinenden Kinder beruhigt. Manchmal unterstützen wir aber auch sogenannte Medical Programs von anderen Organisationen, bei denen ich beispielsweise Fieber und Blutdruck messe, die Patienten wiege und auf Malaria teste. Letzteres erfolgt durch einen winzigen Piks mit einer spitzen Metallplatte in den Zeigefinger, um einen einzigen Blutstropfen an die Oberfläche zu befördern. Man kann sich nicht vorstellen, wie sehr sich manche Erwachsene vor diesem Stich fürchten, und es ist oft viel – manchmal vergebliche – Überredungskunst nötig. Immer wieder ziehen sie ihren Finger weg, schreien und versuchen, mich zu überreden, ihnen einfach ohne Befund die Medikamente auszuhändigen. Da fällt es mir schon manchmal schwer, ernst zu bleiben. Als Schriftführerin erweise ich mich allerdings als vollkommen nutzlos. Kaum einen einzigen Namen verstehe ich richtig, geschweige denn dass ich ihn fehlerfrei notiere. Bei der Bitte, den Namen doch selbst aufzuschreiben, reagieren viele mit zuckenden Schultern, was mir die hohe Analphabetenquote unter Erwachsenen in Nigeria bewusst macht. Derlei kostenlose Untersuchungen und Medikamentenausgaben sorgen immer für einen großen Andrang, wobei in der Reihe anzustehen nicht zu den Stärken der Nigerianer gehört. Es kommt also erschwerend hinzu, dass ich auf meinem Stuhl von allen Seiten von Armen, Händen und auch Hintern bedrängt werde.

Als Schriftführerin bei den Untersuchungen – keine leichte Aufgabe

Mein persönliches Highlight ist die Betreuung der FHOH-Kids, die im Laufe meines Praktikums auf sechs anwachsen sollen. Hausaufgaben machen, Spielen und Stundenpläne für mehr Struktur in ihrem Tagesablauf aufstellen, sind Aufgaben, auf die ich mich jeden Tag freue. Eine meiner wichtigsten Aufgaben hingegen ist es, Briefe mit Spendengesuchen zu schreiben und an zahlreiche Organisationen, Kirchen und Firmen zu versenden.

Alle Kinder sind mir schon nach wenigen Tagen so sehr ans Herz gewachsen, dass ich jetzt bereits spüre, dieses Abenteuer wird mich nicht so schnell wieder loslassen. Ich weiß zwar noch nicht genau wie, aber ich beschließe, langfristig zu helfen und für die Kinder da zu sein. Zwar kann und will ich die fehlenden Eltern nicht ersetzen, jedoch hoffe ich, dass ich ihnen so manche Chance eröffnen und dadurch ihre Lebensbedingungen dauerhaft verbessern kann. Deswegen wehre ich mich auch mit Händen und Füßen, als Aiesec mich nach einer Woche im FHOH zu einem anderen Praktikumsplatz bringen will. Mit Erfolg!

Es macht mir besondere Freude, den Kindern etwas Neues und bislang Unbekanntes zu zeigen. Zugegeben ist das nicht weiter schwer, denn schon ein Fußball für umgerechnet 50 Cent sorgt für wilde Luftsprünge. Eine Reaktion, die ich in Deutschland nur mit einer Playstation oder einem Laptop erzielen könnte. Einmal will ich die Kinder mit einer Leibspeise aus meiner eigenen Kindheit verwöhnen: Pfannkuchen. Zwar muss ich dafür etwas improvisieren, denn auf dem Markt gibt es weder Apfelmus, Puderzucker noch Frischmilch, es schmeckt den Kindern aber mindestens genauso gut wie mir damals bei meiner Oma. Mittlerweile ist es zur Tradition geworden, dass immer, wenn ich vor Ort bin, alle Kinder bei der Zubereitung des möglichst klümpchenfreien Teigs aus Eiern, Mehl und Pulvermilch helfen. Denn vor Ort gibt es kein Rührgerät und man braucht viele Hände, um den Teig geschmeidig zu bekommen. Jedes Kind darf anschließend seinen eigenen Pfannkuchen backen, gewendet wird natürlich in der Luft – wie bei den Profis. Was mit etwa zehn Pfannkuchen begann, ist inzwischen ein mehrstündiges Event mit über achtzig Pfannkuchen.

Ein anderes Beispiel ist Kino. Zugegeben keine lebensnotwendige Sache, aber doch ein bereichernder Bestandteil meines Lebens. Am Abend vor meiner ersten Reise nach Nigeria war ich selbst noch im Kino und habe mir den Film „Karate Kid" mit Jackie Chan und Jaden Smith gegönnt.

Er handelt von einem schmächtigen afroamerikanischen Jungen, der zusammen mit seiner Mutter nach China zieht. Als er mehrfach von gleichaltrigen Chinesen verprügelt wird, geht er in die Schule eines alten Kung-Fu-Kämpfers und schafft es letztendlich, seine Peiniger zu besiegen. Ein vorhersehbares Ende, aber in wundervoller Umsetzung und wie gemacht für den ersten Kinobesuch der FHOH-Kids. Am Kinotag stehe ich also um 6 Uhr morgens auf und laufe ins FHOH-Haus. Alle sind sehr aufgeregt, aber keiner ist für den Ausflug fertig. Eine Stunde lang warte ich, bis sich alle in ihr schönstes Dress geschmissen und gefrühstückt haben und wir aufbrechen können. Die Fahrt zum Kino in der Silverbird Galleria auf Lagos Island mit sechs Kindern und zwei Erwachsenen, es begleitet mich Mummy Margareths Sohn Ife, ist mehr als anstrengend und dauert über vier Stunden: Zuerst quetschen wir uns in ein Tuk Tuk, dann nehmen wir einen ordentlich verspäteten BRT-Bus, um dann schließlich mit zwei weiteren gelben VW-Bussen vor den Türen des Kinos anzukommen.

Die Kinder sind völlig überwältigt von dem Gebäude: Es gibt moderne Toiletten mit Spülung, Popcorn und anderen Süßkram, zahlreiche Spielautomaten für Kinder, und alles ist neu, hochwertig und sauber. Kurz: eine Welt für die reiche Elite Nigerias, die die Kids so noch nie kennenlernen durften. Als wir den Kinosaal betreten und sie den überdimensionalen Bildschirm sehen, sind sie völlig aus dem Häuschen und können kaum sitzen vor lauter Aufregung. Mit Filmbeginn kehrt zwar etwas Ruhe ein, aber je weiter der Film voranschreitet, desto schwieriger wird es für die Kinder, ruhig auf ihren Sitzen zu bleiben. Sie fiebern mit der Hauptperson mit und feuern sie an, klatschen und rufen ihr zu, springen aufgeregt auf oder halten sich die Augen zu, wenn sie die Spannung nicht mehr aushalten. Ich bin vielmehr damit beschäftigt, die Kinder zu beobachten, anstatt der Handlung des Filmes zu folgen – die ein oder andere Träne bleibt dabei nicht aus. Auch sechs Stunden verstopfter Verkehr auf dem Heimweg können dieses Erlebnis nicht trüben. Die Euphorie hält auch die nächsten Tage noch an und ich beobachte vor allem die Jungs dabei, wie sie ihre Karate-Kicks perfektionieren und die Szenen aus dem Film nachspielen. Zwar war dieser Ausflug eine ganz schöne Herausforderung für meinen studentischen Geldbeutel, aber im Nachhinein hätte ich auch das Tausendfache dafür bezahlt. Ein voller Erfolg!

Geld-zurück-Garantie oder: Hoch lebe deutscher Service

Ich brauche etwa zwei Wochen, um mich daran zu gewöhnen, dass ich nicht mehrmals täglich meine E-Mails oder Facebook checken kann. Das Verlangen zu unterdrücken, jede Frage oder Information sofort zu googeln, fällt mir noch schwerer. Ich renne also zu jeder Gelegenheit in ein nahe gelegenes Internetcafé. Dort komme ich immer wieder mit dem nigerianischen Service in Kontakt, der mich als ordnungsliebende Deutsche schon mehrmals in den Wahnsinn getrieben hat.

Internetcafés sind meist kleine Kabuffs von maximal zehn Quadratmetern, in denen mehrere Computer, große Röhrenmonitore mit externen Tastaturen, eng nebeneinander auf schiefen Tischen stehen. Die Bänke davor sind unbequem und meist viel zu hoch, weswegen man Schwierigkeiten hat, seine Beine unter den Tischen zu verstauen. Außerdem sitzen einem so der Nachbar und in meinem Fall alle Anwesenden fast auf dem Schoß. Man wird also, während man sich im Internetcafé aufhält, nicht selten über Facebook „geadded“[11], ohne dass man mit der Person, meist unmittelbar neben einem, jemals gesprochen

[11] Der Facebook-Profilname steht beim Öffnen der Website immer gut lesbar oben links.

hat. Trotzdem ist das ein gutes Zeichen, denn es bedeutet, dass das Internet funktioniert. In vielen Fällen führt nämlich die Eingabe des Internet-Codes, der handschriftlich auf winzig kleinen Papierfetzen notiert ist, zu einer Enttäuschung. Entweder ist das Internet so langsam, dass man für das Hochladen von zehn Bildern gefühlte zehn und echte zwei Stunden braucht, oder es funktioniert eben gar nicht.

Als Deutsche, die in Sachen Service lediglich von der Deutschen Bahn enttäuscht wird, ist es schwer verständlich, dass man quasi nur für das Erlebnis zahlt, einen Code einzugeben. Denn wenn das Internet anschließend nicht funktioniert, zucken die Verantwortlichen nur mit den Schultern. Geld-zurück-Garantie? Fehlanzeige – da helfen alle Beschwerden nichts.

Heute nach über zehn Jahren – meine Internetabhängigkeit ist mittlerweile deutlich ausgeprägter – haben fast alle Nigerianer einen Internetzugang über ihr Handy. Das Mobilfunknetz wurde ausgebaut, wodurch sich die Verbindungsprobleme mehr oder weniger in Luft aufgelöst haben. Viele Kinder bekommen sogar schon Hausaufgaben, die sie mit Hilfe von Google lösen müssen.

Ein anderes, deutlich schwerwiegenderes Beispiel für fehlende Service-Bereitschaft ist die Bereitstellung von Strom. Ich hätte vor 2010 nicht gedacht, dass ich so ein Problem mit nicht vorhandenem oder unstetem Strom haben würde. Da fällt einem erst einmal auf, wie viele Aktivitäten bei Dunkelheit von Elektrizität abhängen: fernsehen, lesen, spielen, kochen, duschen etc. Überall braucht man zumindest eine funktionierende Lichtquelle. Gespräche bleiben eigentlich das einzig Mögliche, wobei man hier gegebenenfalls gegen einen lärmenden Generator ankämpfen muss. Der stellt zumindest ein bisschen Energie für die lebensnotwendigen Dinge bereit, reicht jedoch für das Laden von Handys oder Laptops nicht aus. Wie ich ja schon an anderer Stelle erwähnt habe, erklären sich die Nigerianer das explodierende Bevölkerungswachstum damit, dass Sex tatsächlich eine der wenigen Aktivitäten ist, die man bei vollkommener Stromlosigkeit machen kann.

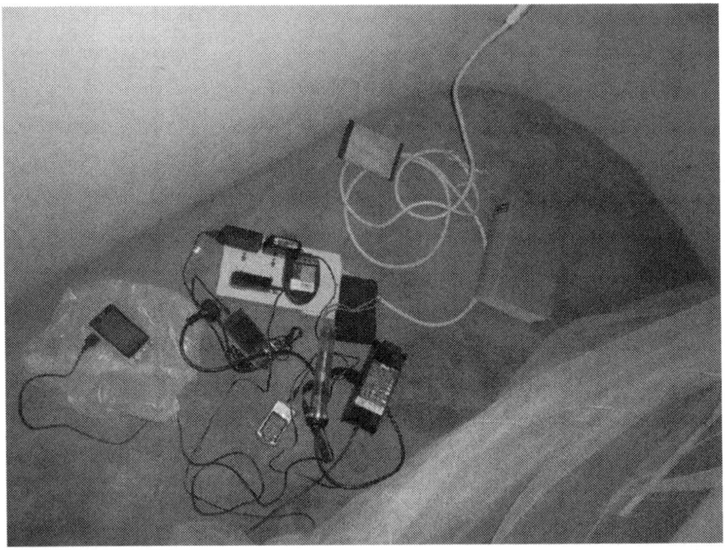

Schnell alle Geräte laden, solange es Strom gibt ...

Während 2010 noch etwa alle fünf Tage Strom bereitgestellt wird, ist es inzwischen die Regel, mindestens zweimal am Tag versorgt zu werden – allerdings zu Zeiten, in denen man eigentlich keinen Strom braucht: mittags und früh morgens gegen 3 Uhr. Bei meinem ersten Aufenthalt folge ich einem natürlichen Instinkt, sofort zu den Steckdosen zu eilen, wann immer ich mitbekomme, dass Strom gekommen ist – oft weckt uns Mummy Margareth extra dafür. Heute, mehr als zehn Jahre später, ärgere ich mich, wenn in aller Herrgottsfrühe Lichter, Ventilatoren und Fernseher angehen, weil man beim letzten Stromausfall vergessen hatte, die Geräte auszuschalten.

Trotzdem zahlen viele Nigerianer brav die Stromgebühren, um zumindest ab und zu den lärmenden, stinkenden und teuren Generator zu schonen. Ich finde das ein absolutes Unding und bin froh, dass die Bürger und Bürgerinnen gegen diese Ungerechtigkeit mehr und mehr aufbegehren und inzwischen auch immer öfter Erfolg haben. Angeblich verhindert eine Lobby von Generatorherstellern und -verkäufern die stetige Bereitstellung von Strom. Ich glaube aber, dass das unglaubliche Bevölkerungswachstum und das illegale Anzapfen von überirdischen Stromleitungen mindestens genauso für die heillos überlastete Infrastruktur verantwortlich sind wie politische Machenschaften.

Die Nigerianer sehen aber auch dieses Problem mit viel Humor und taufen den nationalen Strombetreiber NEPA, National Electric Power Authority, in „Never Expect Power Again“ um. Als sich dieser in PHCN, The Power Holding Company of Nigeria, umbenennt, werden auch die Nigerianer kreativer und nennen ihn „Problem Has Changed Name“.

Kirche oder: Gesellschaftliches Highlight

Es ist jedes Mal eine echte Herausforderung, das schnelle, reizüberflutete Leben in Deutschland gegen einen deutlich langsameren Alltag in Nigeria einzutauschen. Ich bin normalerweise ein Mensch, der gerne früh aufsteht und dann den ganzen Tag produktiv ist. Eine volle To-do-Liste? Kein Problem! Je länger, desto besser! In Nigeria hingegen tausche ich mich selbst gegen eine extrem faule Version meiner selbst aus. Ich gebe der Hitze die Schuld! Ich schwitze immer, Tag und Nacht, und eigentlich sollte ich jedes T-Shirt nur einmal tragen. Eigentlich, denn selbst zum Wäschewaschen bin ich meistens zu faul. Ich sehe es auch gar nicht ein, meine Klamotten stundenlang zu schrubben, auszuwringen und aufzuhängen, wenn sie bereits auf der Wäscheleine wieder mit dem für Lagos typischen roten Staub bedeckt werden. Es ist mir wirklich ein Rätsel, wie die Nigerianer es schaffen, ihre Kleidung so tadellos sauber und geruchsfrei zu halten – selbst Weißes strahlt so hell, als würde es aus einer Werbung für Waschpulver stammen. Aber ich schweife ab.

Obwohl ich jedes Jahr einen Koffer voller Bücher und persönlicher Projekte dabei habe, zum Beispiel autodidaktisch Stricken lernen, gelingt es mir selten, den Tag zu strukturieren und tatsächlich etwas zu schaffen. Selbst wenn es einmal wirklich etwas zu tun gibt, dann bin ich danach so erledigt, dass ich am liebsten gleich wieder ins

Bett gehen würde. Schon Montesquieu hat behauptet: „The excess of heat enervates the body, and renders men so slothful and dispirited"[12], und trifft damit zumindest für mich den Nagel auf den Kopf.

Im Schnitt habe ich mich aber dann nach zwei Wochen an den Alltag ohne Internet, Strom oder Ausgehmöglichkeiten gewöhnt und kann die Entschleunigung immer mehr genießen. Wenn es der Tag zulässt, sind die Nigerianer Meister im *dolce far niente* und verbringen den ganzen Tag mit Ausruhen. Selbst wenn Besuch kommt oder man selbst jemanden besucht, ist minimale körperliche Anstrengung das oberste Gebot. Ich habe wirklich zahlreiche dieser Besuche miterlebt und war immer wieder erstaunt, wie lange man stillschweigend auf einer Couch herumsitzen kann, bis irgendjemand mit „Ok, I'll be going now" seinen Aufbruch ankündigt. Meistens hat man in dieser Zeit auch noch eine Mahlzeit abgestaubt, denn Gastfreundschaft und die damit verbundene Bewirtung ist eine unumgängliche soziale Konvention in Nigeria, die manche mehr und manche weniger ausnutzen.

Ein zweiter wichtiger Eckpfeiler der Freizeitgestaltung ist der Kirchenbesuch. Etwa fünfzig Prozent der Nigerianer gehören dem Christentum an, und während wir Deutschen meist nur den Sonntagsgottesdienst kennen, rennen die mir bekannten Nigerianer bestimmt vier bis fünfmal die Woche in ihre Kirche. Neben religiösen Gründen bietet der Gottesdienst eine angenehme Gelegenheit, sich schick

---

[12] Charles de Secondat, Baron de Montesquieu (1748): The Spirit of Laws

zu machen, Freunde und Bekannte zu treffen, Kinderbetreuung in Anspruch zu nehmen und gemeinsam zu singen, zu tanzen und zu beten. Kurz: Es ist ein gesellschaftliches Highlight, das viele Menschen vereint.

Um ehrlich zu sein, war ich vor meinem ersten Kirchenbesuch in Afrika völlig auf eine Sister-Act-Erfahrung mit gutem Gospelgesang und viel Tanz eingestellt. Der nigerianische Gottesdienst gestaltet sich dann doch ein wenig anders. Angefangen mit dem nigerianischen Pastor, der weder ein Theologiestudium noch eine andere Art von geistlicher Qualifizierung braucht, dafür aber ein starkes Gefühl von persönlicher Berufung verspürt. Und wenn ich das mal so salopp formulieren darf: Es fühlen sich ziemlich viele Nigerianer berufen. Als Folge gibt es eine unüberschaubare Anzahl an Kirchen, man könnte vermutlich in ein und derselben Ortschaft ein Jahr lang in unterschiedliche Sonntagsgottesdienste gehen.

Je nachdem wie viele zahlungskräftige Anhänger ein Pastor hinter sich scharen kann, ist das Gotteshaus also entweder ein Privatzimmer, eine Wellblechhütte oder eine mächtige Halle mit mehreren hunderttausend Sitzen. Unabhängig davon, ob die Gemeinde aus zehn oder tausend Personen besteht, ist absolut jedes Gotteshaus mit einem überdimensionalen Lautsprecher mit unterirdischer Qualität ausgestattet. Freut man sich also auf eine interessante Predigt mit toller musikalischer Begleitung, ist man hier an der falschen Adresse. Zumindest meine Erfahrungen sehen eher wie folgt aus: Der Pastor brüllt seine Botschaft in einem schwer verständlichen Pidgin English ins Mikrofon, die Lautsprecher knacksen und krachen fröhlich vor sich hin und geben immer wieder schrille Rückkopplungstöne von sich. Ein zweiter Redner übersetzt die Predigt zeitgleich ins Yoruba, und da dieser meist kein eigenes Mikrofon hat, gibt er sich umso mehr Mühe, die Predigt in voller Lautstärke an den Mann und an die Frau zu bringen. Manchmal läuft statt einer Live-Predigt auch einfach nur eine DVD, jedoch sorgen Ton- und Lautsprecherqualität auch hier für ein unverständliches und viel zu lautes Kauderwelsch.

Wer nach der Predigt noch nicht taub ist, der darf sich am lautstarken Singen und Beten der Kirchengemeinde erfreuen. Man darf nämlich nicht davon ausgehen, dass jeder Afrikaner per Definition Rhythmus im Blut hat. Neben der unsäglichen Lautstärke muss man also zusätzlich mit zahlreichen schiefen Tönen, kreativen Melodien und zeitversetzten Gesangseinsätzen zurechtkommen. Wenn es aber darum geht, die umliegenden Gottesdienste zu übertönen, macht man einer nigerianischen Kirchengemeinde nicht so schnell etwas vor.

Wenn ich mich nicht schon von vornherein drücken kann, gehe ich meist einer Fremdbeschäftigung nach, wie etwa ein gutes Buch zu lesen oder Tagebuch zu schreiben. Manchmal schmuggle ich mich auch in den Kindergottesdienst. Dort ist es zwar auch laut, aber zumindest sind die Kinder zuckersüß. In Härtefällen stopfe ich mir Ohropax in die Ohren und verlasse nach einiger Zeit kopfschüttelnd den Gottesdienst, weil ich mir nicht vorstellen kann, dass irgendjemand diese Lautstärke freiwillig erträgt. Ich befürchte, dass ich mit meinen damals zweiundzwanzig Jahren zu selten in Diskotheken unterwegs war und ich für diese Extremerfahrung nicht ausreichend abgehärtet bin.

Okay, ein bisschen übertrieben habe ich jetzt schon. Es sind lange nicht alle Gottesdienste so gewöhnungsbedürftig. Prinzipiell erfüllt der Gottesdienst in Nigeria viele wichtige Aufgaben, und die Predigten enthalten neben religiösen Botschaften auch ganz praktische Anleitungen für beruflichen Erfolg, eine funktionierende Ehe oder die richtige Kindererziehung. Manchmal wird hierbei die Lutherbibel etwas freier als nötig interpretiert und so führt zum Beispiel der Satz aus 5. Mose 22, 5 – „Eine Frau soll nicht Männersachen tragen (...)“ – dazu, dass Frauen keine Hosen anziehen. Der Pastor trägt also viel Verantwortung, denn sein gesprochenes Wort wird von all seinen Schäfchen brav notiert, verinnerlicht und an Familienangehörige und Bekannte weitergegeben.

Die Kirche ist ein „Allrounder“ und eigentlich kann ich ganz gut nachvollziehen, warum viele Nigerianer sehr gerne in die Kirche gehen. Neben dem sozialen Gefüge finde ich es toll, wenn man etwas hat, an dem man sich bedingungslos festhalten kann und das einem über aussichtslose Situationen hinweghilft. Etwas, das es in unserer westlichen Gesellschaft so nicht mehr gibt. Bis heute ist mir vor allem ein Gespräch mit Mary, Godwins späterer Ehefrau, im Gedächtnis, die mich einmal mit folgender Frage in Verlegenheit und zum Nachdenken bringt: „Wie kann es sein, dass uns die Missionare etwas so Wundervolles gebracht haben und immer weniger Menschen in Europa an Gott und die Kirche glauben?“

Ich würde mich selbst nicht als unreligiös bezeichnen, jedoch unterscheidet sich mein Verständnis von Glauben in vielen Punkten von dem der Nigerianer. Missionarische Bekehrungsversuche und zahlreiche Diskussionen stehen daher an der Tagesordnung. Vor allem bei Mummy Margareth werde ich mehrmals am Tag zum Beten ins Wohnzimmer zitiert und soll aus der Bibel vorlesen, Lieder nachsingen oder einschlägige Literatur studieren. Zu meiner Belustigung hat es Elly relativ schnell geschafft, sich mit der Frage „Who is Jesus?" ein noch härteres Studium einzuhandeln. Meine Sympathien ihr gegenüber schwinden mit jedem weiteren Tag, da sie sich durch Rücksichtslosigkeit und Respektlosigkeit gegenüber den Nigerianern und manchmal auch mir gegenüber auszeichnet – daher behalte ich mir ein bisschen Schadenfreude vor. Noch schlimmer ist es, wenn Mummy Margareths Ehemann zu Hause ist. Denn der ist noch pedantischer und lässt nicht locker, bevor er das Gefühl hat, zumindest einen Teil seiner Botschaft in meinem Kopf implementiert zu haben. Um Konflikten aus dem Weg zu gehen, mache ich anfangs alles mit. Nach und nach verteidige ich aber immer mehr meinen Standpunkt und erwarte für meine Position ebenso viel Toleranz, wie ich auch meinen Gastgebern entgegenbringe. Nur in Gesprächen mit den Kindern bin ich vorsichtiger, denn die Kirche lehrt ja auch sehr viele gute Grundsätze und Werte, die ich durch meine persönliche Meinung nicht negativ beeinflussen will. Ich brauche euch nicht zu sagen, dass die Kinder trotzdem schnell verstanden haben: „Aunty Christina doesn't like to go to church."

Mir ist durchaus bewusst, dass Kirchen gerade für unser Waisenhaus eine zentrale Institution und ein wichtiger Geldgeber sind. Daher ist der sonntägliche Kirchgang, um Spenden zu sammeln, auch für mich zur Pflicht geworden. Da der Gottesdienst aber zwischen zwei und drei Stunden dauern kann, schrecke ich meist erst bei den Worten „Our sister from Germany wants to say something“ aus meinem Halbschlaf hoch. Es gibt jedoch auch Erlebnisse, die mir bis heute sehr präsent sind und mich immer noch zu Tränen rühren, wenn ich daran denke. Am letzten Sonntag meines ersten Aufenthalts in Nigeria spreche ich in einer Kirche vor, die sich „Mountain of Fire and Miracles“ nennt. Eine große stattliche Kirche, die bestimmt tausend Personen fasst und den europäischen Kirchen optisch sehr nahekommt. Als ich an den Altar vortrete und vom Waisenhaus und Godwins Engagement erzähle, recken sich mir nach und nach immer mehr Hände zum Segen entgegen. Gemurmelte Gebete, um unserem Vorhaben Erfolg zu wünschen, enden in einem lauten, aber melodischen Singsang und einer Ganzkörpergänsehaut bei mir. Da ich sehr nah am Wasser gebaut bin, kullern mir bei diesem magischen Moment sofort die Tränen über die Wangen und ich vergesse für einen Moment all die Skepsis und die Widersprüche, die mir und meinem Glauben im Wege stehen.

Vorehelicher Sex oder: Ein Rechenfehler

Die Überschrift „Your body is your traffic light“ ziert ein Plakat am Eingang zum Youth Friendly Center, in dem ich zusammen mit Godwin an Schulungen und Workshops teilnehme. Abgebildet ist eine weibliche Person, deren Kopf und Beine in Grün, der Oberkörper in Orange und der Intimbereich in tiefem Rot leuchten. Ich muss schmunzeln, nichtsdestotrotz wird klar, dass Sex ein riesiges Thema in Nigeria ist – vor allem weil er außerhalb der Ehe verboten ist. Trotzdem oder gerade deswegen machen es alle. Leider ist es für eine junge, unverheiratete Person unmöglich, an Verhütungsmittel heranzukommen – nicht weil sie unerschwinglich oder nicht verfügbar wären, sondern weil es gesellschaftlich absolut verpönt ist, vorehelichen Sex zu haben. Der Kauf eines Kondoms würde daher vermutlich relativ schnell zur Alarmierung der Eltern des Käufers und zu allerlei Strafen führen. Gesellschaftlich wird es vor allem von Mädchen erwartet, dass sie bis zur Ehe enthaltsam leben. Bei den Jungs dagegen wird es deutlich weniger streng gehandhabt und teilweise sogar erwartet, dass sie voreheliche Erfahrungen sammeln. Da braucht es kein Mathe-Genie, um aufzudecken, dass diese Rechnung niemals aufgehen kann. Unmengen von Teenager-Schwangerschaften und damit verbundenen Zwangsehen sind die Folge. Wir haben das selbst mit zwei unserer männlichen Schützlinge erlebt. Aber auch unsere Mädchen fragten mich schon mehrmals, natürlich in Abwesenheit nigerianischer Erwachsener, wie sie einen tollen Ehemann finden sollen, wenn ihnen vor der Heirat nicht erlaubt ist, ein paar Männer näher kennenzulernen. Ein echtes soziales Dilemma.

Und selbst wenn sich ein junges Paar freiwillig für eine Heirat entscheiden sollte, wird sie von den Eltern nur dann gebilligt, wenn der Mann genug Geld verdient, um eine Familie zu ernähren. Das ist in jungen Jahren aber eher selten der Fall und niemand kann von den Heranwachsenden erwarten, dass sie mit den ersten sexuellen Erfahrungen bis zu ihren Dreißigern warten. Ob mit Heirat oder ohne: Mangelnde Aufklärung und begrenzte sexuelle Selbstbestimmung der Frau führen über kurz oder lang zu einer Schwangerschaft, die wiederum verhindert, dass die Frau Schule oder Studium beendet und meist nicht genügend für den Arbeitsmarkt ausgebildet ist. Ein nie endender Teufelskreis. Einrichtungen wie das Youth Friendly Center arbeiten verstärkt in der Prävention, unterstützen aber auch in dem Fall, wenn doch etwas schiefgegangen ist. Langfristig braucht man aber ein gesellschaftliches Umdenken, um das Tabu in einen verantwortungsvollen Umgang mit Sex umzuwandeln.

Godwin hat sich die Aufklärung von Jugendlichen also groß auf die Fahne geschrieben und ich unterstütze ihn seither dabei in Schulen und kirchlichen Einrichtungen, über ungeschützten Sex und damit verbundene Risiken zu reden. 2010 sind wir zum Beispiel Teil eines Abendprogramms bei einer kirchlichen Jugendfreizeit. Das ist an sich schon paradox, denn jeder, der schon einmal eine Jugendfreizeit besucht hat, weiß, dass nächtliche Geschlechtertrennung in den Zimmern ein Ding der Unmöglichkeit ist. Knapp zweihundert Jugendliche hören sich also unsere Vorträge an, um dann vermutlich wenig später das Gehörte in die Praxis umzusetzen.

Während Godwin eine seiner üblichen und endlosen Motivationsreden hält, habe ich mir eine Art Spiel ausgedacht, bei dem es darum geht, die Unterschiedlichkeit von Menschen und ihren Präferenzen aufzudecken und die Wichtigkeit von Toleranz und Respekt zu unterstreichen. Ich wähle dazu einige Pärchen aus und stelle sie mit dem Rücken, mit einigen Metern Abstand, zueinander. Dann lese ich ihnen zehn Aussagen vor und die Teilnehmer sollen entweder einen Schritt rückwärts und somit in Richtung ihres Partners gehen, wenn sie der Aussage zustimmen, und vorwärts, wenn sie dies nicht tun. Solche Aussagen waren zum Beispiel:

„Du triffst jemanden in einer Bar und stellst fest, dass der andere eine kleine Narbe auf der Wange hat. Du unterhältst dich trotzdem mit dieser Person."

„Die Person in der Bar legt plötzlich ihre Hand auf dein Bein. Das verwirrt dich."

Das Spiel ist das reinste Chaos, weil alle durcheinander schreien und lachen. Aber am Ende ist es genauso, wie ich es mir vorgestellt habe: Alle Pärchen stehen unterschiedlich weit auseinander. Manche ganz eng, manche viele Meter voneinander entfernt. Im Nachhinein kommt es mir eher wie eine Kuppelshow vor, aber ich hoffe, dass zumindest ein Teil meiner Botschaft trotzdem ankam.

Bei einem Workshop zu sexueller Aufklärung ermuntere ich die Teilnehmer, sich einzubringen

Ein kleiner Wermutstropfen nach diesem Abend ist, dass es mal wieder zu spät ist, um nach Hause zu fahren. Unser Team, bestehend aus fünf Personen, muss also in einem kleinen VW-Bus mit zwei Rückbänken und zwei Vordersitzen übernachten. Das ist alles andere als bequem, denn unabhängig vom Platzmangel ist es unglaublich heiß und die unzähligen Moskitos freuen sich sehr über das wehrlose Festmahl.

Inzwischen besuchen wir jedes Jahr zahlreiche Schulen in unserer Nähe, um mit den Kindern in einer geschützten Umgebung über Sex, Verhütung und Schwangerschaft zu sprechen. Ich denke, hier ist meine Hautfarbe tatsächlich mal von Vorteil, denn ich kann mir nicht vorstellen, dass sich die Kinder zwischen acht und vierzehn Jahren einem

Nigerianer oder einer Nigerianerin gegenüber derart öffnen würden. Die Kinder sind Meister im Auswendiglernen, und wenn man sie zum Beispiel fragt, wie man sich vor HIV schützen kann, antworten sie im Chor: „Don't share sharp objects, don't have unprotected sex …". Fragen, die darüber hinausgehen, stoßen jedoch auf planlose Gesichter und man erkennt schnell, dass die Kinder eigentlich gar nicht verstanden haben, was sie da soeben gesagt haben. Ich erkläre ihnen also, was HIV im Körper macht und warum es so gefährlich ist. Auch den weiblichen Zyklus muss ich immer wieder erläutern. Mittels kleiner Zettel können die Schüler anonymisiert Fragen stellen, was immer zu reger Beteiligung führt. Deshalb schaffe ich es selten, alle Fragen zu Sexualität, körperlichen Veränderungen, aber auch zu häuslicher sexueller Gewalt, Homosexualität und anderen Tabuthemen innerhalb der vorgesehenen Zeit zu beantworten. Aufklärungsarbeit ist mittlerweile eine der wichtigsten Säulen unserer Mission für gesellschaftlichen Wandel, denn auch die Zahl der Waisenhäuser könnte hierdurch langfristig gesenkt werden.

Aberglauben oder: Es zahlen die Leichtgläubigen

Über das Thema Leichtgläubigkeit oder im weitesten Sinne Aberglauben zu schreiben, fällt mir schwer, da ich nicht abwertend oder respektlos sein möchte. Bei vielen Situationen, die ich vor Ort erlebt habe, bin ich aber erschrocken, wie wenig hinterfragt und wie häufig diese Leichtgläubigkeit ausgenutzt wird, um den Leuten das Geld aus der Tasche zu ziehen.

Die ganze Auseinandersetzung mit dem Thema Aberglauben wird durch meinen ersten Besuch bei einem *Oba* ausgelöst, einem sogenannten lokalen Herrscher oder König im Yoruba-Land. Diese einflussreichen Persönlichkeiten sind oft angsteinflößend, aber furchtbar wichtig für die Aufklärung ihres Volkes, denn sie können maßgeblich beeinflussen, welche hygienischen Standards eingeführt, welche Inhalte in den Schulen gelehrt oder wie bestimmte Straftaten (zum Beispiel häusliche Gewalt, Vergewaltigung etc.) geahndet werden. Hat man Glück, trifft man auf einen Mann, dem das Wohl der Menschen am Herzen liegt und der aufgeschlossen und clever ist. Aktuell gibt es zum Beispiel einen wirklich aufgeklärten Oba im Bezirk Ogijo, Standort des heutigen Waisenhauses, der viele Jahre in England gelebt hat und ein großer Unterstützer Godwins ist. Hat man allerdings Pech, trifft man auf einen Autokraten, der sich selbst bereichern will, mit Alkohol und Drogen handelt, zigfach verheiratet ist und dem die Bedürfnisse der Menschen egal sind. Ich bin mir unsicher, zu welcher Kategorie mein erster Oba zählt. Aber die mit Maschinengewehren bewaffneten Soldaten am Eingang, das strikte Redeverbot, außer wenn man vom König aufgefordert wird, und der Kniefall vor dem herrschaftlichen Thron lassen es mich ahnen. Trotzdem ist es wichtig, mit diesen Personen zu sprechen, denn Aberglaube oder schlicht falsche Informationen stehen der menschlichen Gesundheit unmittelbar im Wege.

Der Thron des Oba

Zum Beispiel schlafen viele Nigerianer nicht unter einem Moskitonetz, ein wichtiger Schutz vor Malaria, weil es dem Totenschleier ähnelt. Frauen benutzen das Frauenkondom nicht, da es die Kirche als Sünde beschreibt und sie davon überzeugt sind, in der Ehe keine Geschlechtskrankheiten oder HIV bekommen zu können. Kindern wird erzählt, dass sie kein Kokosnusswasser trinken dürfen, da sie sonst Gedächtnislücken bekommen. „Don't drink it, Aunty Christina. All your books will fly away", sagen die Kinder einmal zu mir, als ich mir gerade eine Kokosnuss knacke. Dass Kokoswasser in unseren Breitengraden als absolutes Wunderheilmittel für Haut, Haare und Körper angepriesen wird, stößt bei den Kindern nur auf hochgezogene Augenbrauen und vielsagende Blicke untereinander. Auch bezüglich der aktuellen Pandemie gibt es hartnäckige Gerüchte, die sich dank des schlechten Zugangs zu neutralen Medien oft wochenlang halten. So hat sich zum Beispiel die Nachricht verbreitet, dass die afrikanische Wunderpflanze Artemisia, bei uns unter dem Namen Beifuß bekannt, Heilung von COVID 19 biete, und hat folglich sicherlich zu kontraproduktiven Verhaltensweisen und der Verbreitung des Virus geführt. Ich könnte noch viele weitere Beispiele nennen, denn die Liste der Irrtümer ist lang.

Als Elly und ich von unserem ersten Oba-Besuch zurückkommen und Mummy Margareth davon erzählen, stoßen wir auf das nächste bisschen Aberglaube. Mummy gerät völlig aus dem Häuschen und will Godwin verbieten, uns je wieder zu einem König mitzunehmen. Nicht etwa wegen der Maschinengewehre oder der kriminellen Machenschaften, sondern weil uns der König einen starken Liebestrank verabreichen könnte, durch den wir uns unsterblich in ihn verlieben würden und uns nie wieder aus seinen Klauen befreien könnten. Mummy fügt allerdings beschwichtigend hinzu, dass ich als Christin vermutlich sicher bin, Elly hingegen …

Einmal entfacht, schweift die Diskussion in Richtung Regenmacher und Zauberer ab, die innerhalb von zwei Sekunden in China sein können, um dort Menschen zu erschießen, bis hin zu Hexern, die Messer in Schlangen verwandeln können, und Sirenen, die im Meer nur darauf warten, mutige Badegäste zu empfangen. Dass viele Nigerianer nicht schwimmen können oder betrunken ins Wasser gehen, fließt nicht in ihre Argumentation mit ein.

Besonders heimtückisch finde ich es, wenn die Kirche die Leichtgläubigkeit der Menschen ausnutzt und angeblich blinde oder behinderte Menschen vor den Augen der Gemeinde heilt. Mitglieder geben dann ihre letzten Groschen her, um ebenfalls geheilt oder von ihrer Misere errettet zu werden. Ich möchte betonen, dass ich sowohl an Selbstheilungskräfte als auch an Placebo glaube und auch der Esoterik nicht abgewandt bin, aber Sehkräfte und lahme Beine jeden Sonntag um 12 Uhr wiederzuerwecken, überschreitet meine Vorstellungskräfte bei Weitem.

Eine große Gefahr geht neuerdings auch von den sozialen Medien aus. Hier werden Informationen, Bilder und Videos völlig aus dem Kontext gerissen und einem anderen zugeordnet. Zum Beispiel wurde angeblich das Gerippe des Riesen Goliath in Jerusalem gefunden und durch eindrucksvolle Bilder die Wahrheit von Gottes Worten proklamiert. Viele Gläubige hinterfragen diese Nachricht nicht weiter, obwohl ein schnelles Eingeben der angeblichen Fakten bei einer Suchmaschine zeigt, dass es sich um die meterlange Skulptur eines italienischen

Künstlers handelt. Eine deutlich lustigere Geschichte war die eines nigerianischen Regierungsangestellten, der behauptete, dass 36 Millionen Naira, eigentlich für Zulassungsprüfungen für nigerianische Universitäten gedacht, von einer Schlange verschlungen wurden. Zuerst versetzte es die Menschen in Aufruhr, bevor es durch zahlreiche Parodien auf YouTube und Co. zur nationalen Lachnummer wurde.

Wir planen eine Reise oder: Mit dem Leben davongekommen

Nigeria als Touriland? Zumindest Godwin glaubt daran und schlägt uns nach einigen Wochen Praktikum eine zehntägige Reise vor, um auch andere Teile des Landes kennenzulernen. „Lagos is not Nigeria“, kündigt er uns an. Da Elly und ich ohnehin die Schnauze voll haben von dieser lauten und vollgestopften Stadt, braucht es keine weiteren Argumente, um uns zu begeistern. Uns ist klar, dass uns weder eine Safari noch große Naturschauspiele bevorstehen, aber wir freuen uns trotzdem sehr über die Abwechslung. Elly ist ganz besonders aufgeregt und lädt fünf weitere Asiaten, die ebenfalls ein Praktikum mit Aiesec machen, ein; auch eine deutsche Praktikantin namens Kristina, die über Dritte von unserem Trip erfahren hat, will uns begleiten.

Kristina ausgenommen ist mein Verhältnis zu den anderen Praktikanten eher von Distanz und wenig Zuneigung geprägt. Das kam so: Bereits zwei Tage vor Abreise übernachten alle acht (!) Mitreisenden bei Mummy Margreth, der keine Mühe zu viel ist, um alle herzlich in ihrem Haus willkommen zu heißen. Zwar bin ich von Elly schon so einige Rücksichtslosigkeiten gewöhnt, zum Beispiel muss ihr immer literweise Wasser zum Duschen aufgekocht werden – und das bei fünfunddreißig Grad Außentemperatur –, aber das Gruppengefüge hat hier noch einmal einen draufgesetzt. Alle bedienen sich gerne an Nahrungsmitteln, Kochzubehör, Bad, Steckdosen etc., hinterlassen aber einen kompletten Saustall wie die Rolling Stones bei einer Hotelübernachtung. So stelle ich es mir zumindest vor. Mir ist das dermaßen peinlich, dass ich die Gruppe bitte, zumindest je einen kleinen Betrag von 100 Naira, also 50 Cent, dazulassen. Das wird lediglich mit den Worten „Wir haben ja nicht einmal Strom" quittiert. Meine Einstellung der Gruppe gegenüber ist also schon vor unserem Trip entsprechend getrübt.

Tag eins der Reise beginnt um 3 Uhr morgens. Die Uhrzeit stört mich nicht unbedingt, ich bin ja voller Vorfreude auf das Bevorstehende, jedoch bin ich kein Fan von Dunkelheit, auch in Deutschland nicht. Vor allem in Nigeria habe ich im Dunklen immer das Gefühl, dass meine weiße Hautfarbe strahlt wie die Sonne und ich böse Leute auf mich aufmerksam mache. Ich selbst hingegen merke erst kurz vor dem Zusammenstoß, dass eine schwarze Person in meiner Nähe ist. Lagos ist immer laut und voll – auch um 4 Uhr morgens, als wir am Busbahnhof ankommen. Zu neunt besteigen wir einen alten VW-Bus, der so umgebaut wurde, dass etwa fünfzehn Personen, am besten im Kleinkindalter oder ohne Beine, darin Platz haben. Wieder warten wir eine lange Weile, bis sich auch noch sechs weitere Passagiere finden, denn vorher fährt der Bus nicht los. Eine junge Frau mit einer monströsen Tasche setzt sich neben mich und Kristina, was uns ziemlich nervt, da wir ohnehin kaum Raum für unsere Beine haben. Den Platz für die Tasche musste sie selbstverständlich bezahlen, nur ist es eben (unser) Pech, dass der Kofferraum schon voll ist und die Tasche in unserem Fußraum verstaut werden muss. Um 7 Uhr geht es dann endlich los Richtung Markudi in Benue State – Godwins Geburtsstadt.

Siebenhundertvierzig Kilometer und mehr als dreizehn Stunden lang sitzen wir in diesem Bus und machen genau eine Pause. Schon nach der zweiten Stunde tut mir alles weh, und obwohl ich mit der Gabe gesegnet bin, überall und immer schlafen zu können, bin ich die ganze Fahrt über hellwach und genervt. Momente der Angst, als der Fahrer bei einem Stau mit etwa hundertzwanzig Sachen einfach auf die vielbefahrene Gegenspur wechselt oder als er deutlich schnellere und neuere Fahrzeuge links und rechts überholt, wechseln sich ab mit schier endlosen Momenten der Langeweile. Das häufige Anstoßen an allen möglichen Innenkanten des Fahrzeuges, weil der Fahrer zu schnell durch tiefe Schlaglöcher rast, macht allen immer wieder bewusst, wie dringend sie auf Toilette müssen. Einzige Abwechslung sind die zahlreichen Straßenverkäufer, die den Autofahrern bei Stau diverse Sachen zum Verkauf anbieten: geschnittenes Obst, meine geliebten Bananenchips, Kaugummi, aber auch Klopapier, Spielzeug oder Medikamente. Nur Getränke kauft an diesem Tag keiner.

Kein Durchkommen auf Nigerias Straßen, vor allem wenn man als Geisterfahrer unterwegs ist

Nach einer halben Ewigkeit kommen wir in der Dämmerung in Markudi an. Am Busbahnhof begrüßt uns eine Frau, die uns Godwin als seine Mummy vorstellt. Gut, das heißt jetzt nicht zwingend, dass sie auch tatsächlich seine leibliche Mutter ist, aber ich stelle doch eine gewisse Ähnlichkeit fest. Sie bringt uns in ein nahe gelegenes Hotel, das vergleichsweise komfortabel und gut ausgestattet ist, sogar mit Fernseher und Klopapier, allerdings aktuell ohne Strom. Kristina und ich verstehen uns sehr gut und teilen uns ein Zimmer. Das Verhältnis zu den anderen Praktikanten ist durch die lange Busfahrt nicht gerade besser geworden. Erschöpft von der langen Reise fallen wir todmüde in unser Doppelbett.

Am nächsten Tag erleben wir etwas Einzigartiges. Mit einem Motorrad-Taxi, einem sogenannten *Okada*, fahren wir etwa vierzig Minuten durch Wald und Wiesen zu einem traditionellen nigerianischen Dorf. Abgeschottet von der Zivilisation wohnen die Bewohner in Lehmhütten ohne Strom und fließend Wasser und leben von dem, was sie sich selbst anbauen. Die Landschaft ist unberührt, die Luft ist sauber und wir sehen sogar einige Affen. Bereits kurz vor dem Dorf werden wir von ein paar spielenden Kindern gesichtet, die uns alle freudig begrüßen und eine Weile hinter den Okadas herrennen. Allesamt tragen sie zerrissene und abgetragene westliche Kleidung, vermutlich aus unseren Altkleidercontainern. Ich finde es schade, dass es ausgerechnet Klamotten sind, die es aus der Zivilisation zu ihnen geschafft haben – dabei wären doch Bildung, eine Krankenstation oder landwirtschaftliche Maschinen viel hilfreicher. Wir verteilen noch mehr Kleidung und kistenweise Kekse, doch ich habe nicht das Gefühl, dass Hunger oder unbedeckte Leiber die größten Probleme sind.

In traditionellen nigerianischen Dörfern leben die Menschen in Lehmhütten

Alle Dorfbewohner begrüßen uns herzlich und verwöhnen uns erst einmal mit einem kleinen Snack unter einem gigantischen Affenbrotbaum. Eine tolle Kulisse. Zusammen mit Godwin begeben wir uns wenig später in die Hütte der Dorfältesten, um mit ihnen über die Notwendigkeit einer Klinik zu sprechen. Godwins Idee für ein neues soziales Projekt. In dem Lehmhaus ist es stickig. Die Fliegen und andere Insekten freuen sich über Frischfleisch. Die Dorfältesten sind nicht gerade die sympathischsten Menschen: Sie sind wirklich alt, weitestgehend zahnlos und ihre großen gelben Augen schauen mich neugierig, aber vor allem skeptisch an. Besonders bei älteren Männern habe ich oft diesen gelblichen Schimmer in den Augen entdeckt, was wohl auf Gelbsucht, eine Hepatitisinfektion, eine akute und langanhaltende Malariainfektion oder auf eine nicht funktionierende Leber hinweist. Es sieht auf jeden Fall gruselig aus und das Ambiente verstärkt mein Unwohlsein noch. Dass den Männern magische Kräfte und Zauberei nachgesagt werden, glaube ich sofort. Nur scheinen sie sich nicht der weißen Magie verschrieben zu haben. Eingeschüchtert stammle ich ein paar Worte vor mich hin, aber die weitere Unterhaltung ist ausschließlich auf *Tiv*, der hier vorherrschenden Sprache. Zwar verstehe ich kein Wort, ich habe dennoch das Gefühl, dass sie von Godwins Idee nicht beeindruckt sind. Ist mir auch egal – ich will nur raus aus diesem Zelt.

Anschließend führt uns ein einheimischer Mann, der offensichtlich der englischen Sprache mächtig ist, durch das Dorf und erklärt uns die wichtigsten Einrichtungen: Kochstelle, Geburtshaus, Lebensmittelspeicher. Unter einer Überdachung sitzt eine Frau, die angeblich über hundert Jahre alt und eine wichtige Institution des Dorfes ist. Auch sie hat gelbe Augen und stiert uns ausdruckslos an. Ich bin mir jedoch nicht sicher, ob sie uns überhaupt wahrnimmt.

Alle um uns herum sprechen eine andere Sprache und kaum jemand macht sich die Mühe, die vielen Unterhaltungen zu übersetzen. Auch als Kristina und mir zwei kleine Mädchen in die Arme gedrückt werden, die kurz darauf dort einschlafen, sind wir erst einmal perplex und wissen nicht so recht, was geschieht. Als alle aufgeregt um uns herum diskutieren, bitten wir Godwin mehrfach um eine Erklärung. Er berichtet, dass die augenscheinlichen Zwillinge noch eine dritte Schwester haben, die aber im Krankenhaus sei. Auch die Zwillinge sind bereits schwach und abwesend. Die einzige verbliebene Verwandte ist die

Großmutter. Godwin bittet die alte Dame sowie die Dorfältesten inständig, die Kinder mitnehmen zu dürfen, um ihnen eine medizinische Versorgung zu ermöglichen. Doch obwohl es den beiden Mädchen sichtlich schlecht geht und sie vermutlich dringend Hilfe bräuchten, wird seine Bitte abgelehnt. Es hilft kein Bitteln und Betteln der Oyinbos, die Entscheidung der Ältesten ist getroffen. Ich kann das nur schwer akzeptieren und frage mich noch monatelang, was aus den kleinen Mädchen geworden ist.

Stattdessen werden uns drei verwaiste Jungs anvertraut, die von nun an Teil des Future Hope Orphanage Home sein sollen. Mich würde wirklich interessieren, was sich die drei gedacht haben, als wir sie einfach mitgenommen haben – eine Horde Ausländer auf Motorrädern – denn sicherlich hat ihnen niemand erklärt, was jetzt passiert und wohin die Reise geht. Da die drei ausschließlich Tiv sprechen, unternehme ich erst gar keinen Versuch, ihnen alles zu erläutern, und hoffe, dass sie sich mit der Zeit selbst einen Reim aus der Geschichte machen können. Mitsprache hätten sie ohnehin nicht gehabt, denn die Erwachsenen entscheiden und die Kinder folgen. Basta!

Am nächsten Tag weckt mich meine innere Uhr um 6.30 Uhr, damit wir wie besprochen um 7.30 Uhr Richtung *Cross River State* aufbrechen können. Denn bevor wir mit den Kindern ins FHOH zurückkehren, wollen wir unsere Reise noch ein wenig fortsetzen. Godwin kommt selbstverständlich erst um 8 Uhr, aber ich denke, eine halbe Stunde ist für den Doc echt Bestleistung. Warum ich noch nicht dazugelernt habe, ist mir allerdings schleierhaft. Wir fahren zum Busbahnhof und kaufen neun Tickets für unsere Weiterreise. Der Herr am Schalter schreibt geduldig neun einzelne Quittungen und ich bekomme schon wieder Bluthochdruck. Um 9 Uhr sitzen wir dann endlich im Bus und warten mal wieder darauf, dass das Fahrzeug voll wird und wir endlich losfahren können. Nach ganzen zwei Stunden fehlen uns immer noch zwei Passagiere und überaus genervt beschließen wir acht Weißen, die fehlenden zwei Tickets zu kaufen. Weil Murphy's Law aber anscheinend auch in Nigeria Gültigkeit hat, springen nur wenige Minuten später doch noch die zwei fehlenden Fahrgäste in den Bus und wir ärgern uns über das verschwendete Geld. Geld-zurück-Garantie auch hier wieder Fehlanzeige.

Die Fahrt ist allerdings wirklich lustig. Der Busfahrer spielt die Neunziger rauf und runter und Kristina und ich trällern lauthals zu den Liedern von Michael Jackson und den Backstreet Boys – sehr zur Belustigung der anderen Fahrgäste. Nach etwa zweieinhalb Stunden und einem sehr dringenden Toilettengang wechseln wir das Fahrzeug. Die Straßen werden löchriger und die Landschaft grüner, satter und schöner. Wir passieren eine Militärstation und bestechen wie selbstverständlich den Polizisten, um eine Erlaubnis für die Weiterfahrt zu bekommen. Leider ist der Preis dank der betuchten Fahrgäste, also uns, etwas höher als üblich. Tja, der Zweck heiligt die Mittel oder wie war das?

Letztendlich halten wir am Fuße eines Berges und Godwin diskutiert mit dem Busfahrer den Preis, um uns auch bis an die Spitze zu bringen. Nach dreißigminütigen Verhandlungen haben zumindest unsere asiatischen Reisebegleiter die Lust verloren und beschließen, in der Gegend zu bleiben und mit den einheimischen Kindern Fußball zu spielen. Erst jetzt fällt dem Busfahrer auf, dass er ohnehin nicht mehr genug Sprit hat, um auf den Berg zu fahren. Doch da wir nur noch zu dritt sind, reichen uns auch zwei Okadas, um das Obudu Plateau zu erklimmen. Wir brausen also die Serpentinen nach oben und ich genieße den Ausblick, die schöne unberührte Natur und den Wind in meinen Haaren.

Das Obudu Mountain Resort ist auf dem Gelände einer ehemaligen Rinderfarm entstanden

Das *Obudu Mountain Resort*, ein luxuriöses Feriendomizil, ziert den Gipfel und ist laut Homepage „Africa's biggest and finest tourist destination". Die Anlage ist geschmückt mit afrikanischen Skulpturen, fein gearbeitetem Inventar und traditionellen Bungalows, die sich stilvoll in die Bergszenerie einfügen. Da uns vor allem die Natur interessiert, schlendern wir über das Gelände, eine ehemalige Rinderfarm, und entdecken einen Wasserfall, wackelige Holzbrücken mitten im Dschungel und eindrucksvolle Aussichtsplattformen. Außerdem frieren wir uns den Allerwertesten ab. Wir befinden uns nämlich auf 1.500 Metern über dem Meeresspiegel, und da fröstelt es einen selbst im heißen Nigeria.

Ob es sich nun gelohnt hat, den ganzen Weg hierher auf sich zu nehmen, nur um zu sehen, wo Nigerias reiche Elite Urlaub macht, weiß ich nicht. Aber wir sind definitiv um eine Erfahrung reicher. Erneut viele Stunden und Preisverhandlungen später sind wir wieder zurück in Markudi und fallen todmüde in unser Hotelbett.

Am nächsten Tag treffen wir auch die drei Waisenkinder wieder, die in Markudi bei Godwins Mummy auf uns gewartet haben. Ab jetzt sind sie ein fester Bestandteil der Reisegruppe. Die drei heißen dem Alter nach Terna, Bigi und Mson und sind ganz liebe, schüchterne Jungs. Keiner von ihnen spricht Englisch, weswegen wir uns mit Händen und Füßen verständigen oder Godwin um Übersetzung bitten. Mson, der Kleinste im Bunde, ist leicht geh- und hörbehindert und wirkt etwas zurückgeblieben. Dafür kann er lächeln, dass einem das Herz aufgeht – er und ich haben sofort eine Verbindung. Wir Praktikanten legen zusammen und kaufen unserem Neuzuwachs ein paar anständige Klamotten, Zahnbürsten und etwas zu essen, was uns viele Sympathien einbringt.

„Mummy“ entpuppt sich tatsächlich als Godwins leibliche Mutter und der Mann, der uns im Dorf herumgeführt hat, als sein leiblicher Vater. Beide betrachte ich mit Skepsis, da sie nichts von Godwins Wärme und Freundlichkeit haben. Erst jetzt erfahre ich auch, dass Godwins Vater ein lokaler König ist. Ihr erinnert euch, ein sogenannter Oba, der gleich sieben Ehefrauen und unzählige Kinder hat. Ich bereue sofort, dass ich vorgestern des Öfteren eine große Klappe hatte und diesen Mann mehrfach unterbrochen oder nur wenig beachtet habe. Er war mir von Anfang an unsympathisch und das habe ich auch nicht verborgen. Obas sind in der Regel einflussreich, wohlhabend und können einem durchaus gefährlich werden. Ich übe mich jetzt also in mehr Freundlichkeit.

Gut, dass mir Godwin seine Familiengeschichte erst viel später erzählt hat, sonst wäre mir die Freundlichkeit vermutlich im Halse stecken geblieben. Als sich nämlich der junge Godwin vor über zehn Jahren dazu entschließt, zum Christentum überzutreten, schmiedet sein Vater Mordpläne und jagt seinen eigenen Sohn durch mehrere Staaten Nigerias. Nur mit Hilfe eines Pfarrers und der Familie Olorede, zu der Mummy Margareth gehört, sind ihm die Flucht und der Start in ein neues Leben gelungen. Er hatte infolgedessen seine Familie zehn Jahre lang nicht gesehen. Seither hat sich die Lage wohl etwas beruhigt und wir verbringen diese letzte Nacht in Markudi sogar im Haus seiner Mutter. Jedoch fehlt in der Beziehung zu seinen Eltern jegliche Zuneigung oder gar Liebe. Gut möglich, dass daher seine Leidenschaft für Kinder ohne Familie kommt.

Am fünften Tag unserer Reise geht es nach Jos, dem zweiten Zuhause der Oloredes, da der Vater hier eine Professorenstelle an der University of Jos innehält. Der älteste Sohn der Oloredes, Taiwo, wohnt und studiert ebenfalls in Jos. Ich bin erleichtert, als ich höre, dass der Vater an einer Konferenz in Kenia teilnimmt und wir von sämtlichen Versuchen, uns zum Konvertieren zu bringen, vorerst verschont bleiben. Taiwo gehört allerdings ebenso zu der extremeren Sorte Christen und hat das Haus über und über mit christlichen Plakaten und Bibelstellen tapeziert. Extra für uns?! Die ganze Atmosphäre in diesem Haus ist unheimlich, aber einem geschenkten Gaul schaut man bekanntlich nicht ins Maul.

Jos hat ein deutlich kühleres Klima als Lagos, da es 1.250 Meter über dem Meeresspiegel liegt. Ich wurde zwar gewarnt, habe es aber nicht wirklich ernst genommen, da Nigerianer schon bei fünfundzwanzig Grad eine Daunenjacke tragen. Also friere ich erneut, denn ich habe keinen Pullover und keine Jacke eingepackt. Die Eimerdusche, die ich sonst so angenehm finde, wird zum Eisbad. Die Stadt ist ganz anders als Lagos, ruhig und sauber. Jedoch plagt sie seit jeher der Konflikt zwischen Muslimen und Christen, der vor allem im Jahr 2010 immer wieder eskaliert und Hunderte Menschen das Leben kostet. Als junger Mensch, und dazu zähle ich mich und Godwin ebenso, ist man ja so wunderbar naiv. Im Nachhinein betrachtet war es einfach nur unglaublich leichtsinnig, diese Reise anzutreten. Nicht nur die bombengeschädigte Stadt Jos, sondern auch die langen Reisewege in öffentlichen Verkehrsmitteln sind gefährlich. Kristina und ich sind aber völlig unbedarft, fühlen uns sicher und erkunden die Stadt sogar auf eigene Faust. Wir enden in einem Café und gönnen uns ein bisschen westlichen Luxus und vor allem eine Auszeit vom ständigen Angesprochen- und Angestarrtwerden. Eine Tasse Instantkaffee und eine Pizza für 15 Euro (!) kommt uns wie die beste Mahlzeit unseres Lebens vor. Außerdem besuchen wir ein Museum und einen mehr oder weniger berühmten Wasserfall. Am Abend verwöhnt uns der Rest der Reisegruppe mal wieder mit der asiatischen Kochkunst – diesmal mit in der Erde gegartem Schweinefleisch.

Nach zwei Übernachtungen in Jos geht es weiter nach Abuja, der Hauptstadt Nigerias seit 1991. Erneut müssen wir über eine Stunde warten, bis der Bus endlich voll ist und wir losfahren können. Erst dann stellen wir fest, dass die Karosserie dermaßen löchrig ist, dass es uns über die komplette Fahrdauer nassregnet. Abuja ist an vielen Stellen neu, modern und sauber, gar nicht wie das restliche Nigeria, das ich bislang kennenlernen durfte. Trotzdem gefällt es mir hier nicht, die Straßen sind leer und es ist für eine Großstadt erschreckend ruhig. Es erinnert mich eher an eine Geisterstadt als an eine afrikanische Hauptstadt. In Abuja angekommen treffen wir auf einen jungen Mann, der uns Unterkunft versprochen hat. Godwin hat wohl vergessen zu erwähnen, dass wir statt drei nun doch zwölf Personen sind, die einen Schlafplatz brauchen. Kein Wunder, dass uns der arme Mann, dem es die Gastfreundlichkeit verbietet, uns abzusagen, mit einer Mischung aus Verzweiflung und Ratlosigkeit anschaut. Nichtsdestotrotz organisiert er uns einen privaten Kleinbus, um unsere Gruppe in sein Heim zu kutschieren. Es geht raus aus der

Stadt, über teuflische Straßen hin zu einer Ödnis, in der sich nur alle paar Kilometer eine einsame Hütte befindet. Nach einer gefühlten Ewigkeit kommen wir an seinem Haus an, das sich als Zwei-Zimmer-Hütte entpuppt, die wir uns mit ihm, seiner Frau und seinen zwei kleinen Kindern teilen sollen. Oh Godwin, was hast du dir hierbei wieder gedacht?! Eines ist klar: Hier können wir nicht bleiben. Und dann tun wir etwas, das ich in hundert Jahren nicht mehr tun würde: Zusammen mit den anderen Volunteers – aber ohne Godwin und die drei Waisen – setzen wir uns wieder in den Bus und fahren alleine in die Stadt zurück, um uns auf die Suche nach einem Hotel zu machen. Nicht nur, dass es extrem unfreundlich war, mit einem großen und undankbaren Gezeter, besonders dem meiner asiatischen Freunde, abzureisen. Sondern vor allem, weil wir ohne einen Einheimischen, ohne mobiles Internet und mit einer weißen Hautfarbe, die für viele Nigerianer für viel Geld steht, auf eigene Faust losziehen. Und das in einem Land, für das es seit jeher eine Reisewarnung des Auswärtigen Amtes gibt. Vollkommen dämlich und ich kann bis heute nicht glauben, dass das gut gehen sollte.

Es wird langsam dunkel und der Busfahrer schmeißt uns einfach irgendwo in Abuja raus. Völlig planlos laufen wir acht Weißwürste in irgendeine Richtung und landen in einer Straße voller Prostituierten. Na, das ist bestimmt das sicherste Viertel der Stadt. Trotz meiner jugendlichen Naivität wird mir so langsam unheimlich zumute. Doch ein Straßenstrich ist üblicherweise umgeben von günstigen Stundenhotels und so haben wir Glück im Unglück, dass wir in dieser unchristlichen Gegend eine Unterkunft finden. Wir betreten eines dieser rot beleuchteten Hotels und die Rezeptionistin ist sichtlich überrascht, uns acht als Gäste zu begrüßen. Sie lässt sich sogar breitschlagen, uns acht in zwei Doppelzimmern unterzubringen, was ihr normalerweise ein schönes Trinkgeld eingebracht hätte, wären wir nicht ein Haufen blauäugiger unerfahrener Studenten gewesen. In einem nahe gelegenen Mr Biggs, eine der größten Fast-Food-Ketten in Nigeria, füllen wir noch unsere hungrigen Mägen mit Burgern und Pommes, bevor wir alle übermüdet, aber sicher ins Bett fallen.

Die asiatischen Praktikanten nehmen es Godwin übel, dass er keine anständige Unterkunft in Abuja organisiert hat, weswegen sie es vorziehen, ab jetzt ohne ihn zu reisen. Kristina und ich sind versöhnlicher und schließen uns am nächsten Tag wieder seiner Gesellschaft und der der drei Waisenkinder an. Zusammen fahren wir zu der größten Moschee des Landes, der Nigerian National Mosque, die das Stadtbild von Abuja prägt. Ob Kristinas und meiner unangemessenen, schulterfreien Kleidung werden wir aber sehr unfreundlich abgewiesen. Direkt um die Ecke ist allerdings ein kleiner Markt, der exakt die Produkte verkauft, die man als Europäer in Afrika erwartet: tierische Holzfiguren, bunte Lederbeutel und schöne Flechtarbeiten wie Untersetzer oder kleine Körbe. Ich freue mich, dass ich jetzt doch ein paar Souvenirs für zu Hause gefunden habe, und kaufe zwei Telleruntersetzer und ein schönes Lederetui für meine kleine Kamera. Es ist jetzt gegen 16 Uhr und unsere kleine Gruppe beschließt für die Rückreise nach

Lagos einen Nachtbus zu buchen, um nicht wieder einen ganzen Tag auf der Straße zu verschwenden.

„Godwin, is it safe to drive by night?“

„Yes, no problem!“, antwortet er wie immer.

Da jeder von uns bereits sein Gepäck bei sich trägt, fahren wir also direkt zum Busbahnhof und zur Abwechslung sind wir diesmal die letzten Passagiere und können sofort losfahren. Unser Nachtgefährt ist wieder einmal ein ungemütlich umgebauter VW-Bus. Und obwohl ich selbst nicht bequem sitze, bedauere ich Godwin und Terna, die für die nächsten dreizehn Stunden Mson und Bigi auf dem Schoß sitzen haben werden. Zusammen mit Kristina sind wir also zu sechst auf vier Plätzen auf der Rückbank eingequetscht. Ich schwitze und freue mich darauf, den Bus wieder verlassen zu dürfen.

Bereits kurz nachdem wir losgefahren sind, bricht zwischen den Nigerianern eine hitzige Diskussion aus. Vielleicht ist sie auch nur angeregt, aufregend oder gar lustig, ich verstehe ja kein Wort. Aber auf jeden Fall ist sie laut. Kristinas Nerven sind anscheinend noch dünner als meine und sie schreit genervt:

„Please everybody, can you not shout like this all the time? My ears are already ringing.“

Kurzes Lachen, dann aber Ruhe. Immer diese Oyinbos mit ihrem Ruhebedürfnis, etwas, was die Nigerianer vielleicht nicht kennen oder brauchen. Es wird langsam dunkel und mir fällt auf, dass uns ein zweiter Bus dicht folgt und ebenso eine Pause einlegt, als wir eine kurze Rast machen. Einer der Passagiere erklärt mir, dass das gemeinsame Reisen die Sicherheit erhöht, falls wir überfallen werden. Das klingt logisch und beruhigt mich etwas. Denn wenn ich ehrlich bin, verunsichert mich diese nächtliche Fahrt doch ein wenig. Nach unserer letzten Pipi-Pause vor dem nächsten Morgen machen wir es uns alle im Bus so bequem wie möglich und versuchen zu schlafen. Nach nur kurzer Fahrtzeit biegt der Fahrer jedoch erneut in eine Tankstelle ab, was mir komisch vorkommt, da wir bereits beim letzten Stopp getankt haben. Ich schiebe es allerdings auf das alte löchrige Fahrzeug und versorge mich noch einmal mit Proviant, bevor ich wieder in den Bus steige.

Der Busfahrer rast mit uns über geteerte Straßen und biegt wenig später auf eine unbefestigte Straße mitten im nigerianischen Busch ab. Ich drehe mich um und versuche, durch die Heckscheibe den zweiten Bus ausfindig zu machen, doch wir sind weit und breit alleine auf dieser Straße. Just in diesem Moment der Erkenntnis blendet uns alle ein helles Licht und eine Vollbremsung würfelt alle Passagiere durch den Bus – natürlich ist niemand angeschnallt. Im selben Moment fliegen uns auch schon die Fahrzeugscheiben um die Ohren, alle gehen in Deckung und fangen an zu schreien. Mir allerdings bleibt der Ton im Halse stecken. Eine Horde in Camouflage gekleideter Männer – ich vermute etwa fünf bis sieben – ruft wilde Anweisungen in den Bus hinein, zieht einen Passagier nach dem anderen aus dem Bus und wirft uns buchstäblich über einen Haufen. Stöcke sausen auf uns nieder, einer trifft mich schmerzhaft am Kopf.

Ich bin etwas benommen, aber da packt mich auch schon einer der Männer und befiehlt mir, mich auf den Bauch auf den Lehmboden zu legen und die Augen zu schließen. Als einige Minuten lang nichts passiert, wage ich einen vorsichtigen Blick und schaue mich nach den anderen Passagieren um. Kristina liegt nur wenige Zentimeter neben mir und ich greife nach ihrer Hand. Etwa fünf Meter entfernt sehe ich, wie die maskierten und mit Schusswaffen oder Macheten bewaffneten Männer den Bus komplett auseinandernehmen. Jede kleine Nische wird ausgeräumt, Polster werden aufgeschlitzt, Tascheninhalte auf dem Lehmboden verteilt. Nach und nach fordern die Räuber jeden Passagier einzeln auf, aufzustehen und ihnen zu zeigen, wo sie ihr Geld und andere Habseligkeiten aufbewahrt haben. Als ich an der Reihe bin, brauche ich nicht lange zu suchen, um die leeren Lederetuis meines Handys und meiner Digitalkamera zu entdecken, und auch mein Bargeld ist bereits einkassiert. Selbst in diesem Moment verspüre ich eine kleine Genugtuung, dass ich fast mein komplettes Geld auf dem afrikanischen Souvenirmarkt gelassen habe.

Grob schubsen sie mich zurück auf meinen Platz neben Kristina. Im Laufe der nächsten halben Stunde kommen die Räuber immer und immer wieder, um unsere Hosenbeine und Taschen abzusuchen. Leider entdecken sie dabei auch einen silbernen Ring an meinem Finger, der zwar nicht teuer, aber trotzdem von hohem Wert für mich ist. Ich muss ihn widerstandslos aushändigen. Trotzig stopfe ich mir in einem unbemerkten Moment meine Armbanduhr in den Mund, um diese nicht auch noch an die Banditen zu verlieren. Wirklich völliger Schwachsinn! Ich sollte diese Uhr ein Jahr später auf meiner zweiten Hinreise nach Nigeria im Security Check vergessen und nie wieder zurückerhalten. Welch Ironie …

Nach einer halben Stunde – wir liegen immer noch auf dem Buschboden – soll ich erneut aufstehen und meine Klamotten, Bücher und wertlosen Habseligkeiten aufsammeln und in meine zerrissene Tasche packen. Noch perplexer bin ich, als sie mir meinen Ring zurückgeben. Die sind ja fast schon nett, diese Banditen. Als ich meine Tasche in den Bus lege und einsteigen will, wird mir nur mit einem Gewehrzeig in Richtung Straßengraben klargemacht, dass wir hier noch nicht fertig sind. Wieder setze ich mich zu Kristina, die weint und immer wieder flüstert:

„Die bringen uns jetzt um. Die bringen uns jetzt um."

Ich kann mir zwar nicht erklären, warum wir unsere Taschen packen durften, um jetzt im Straßengraben erschossen zu werden, aber geheuer ist mir die Entwicklung der Dinge auch nicht. Todesangst aber habe ich nicht. Vielmehr beunruhigt mich der Gedanke, dass einer dieser Männer auf dumme Ideen kommt und uns zwei weiße Mädchen mitnimmt, vergewaltigt, verschleppt oder Lösegeld bei unseren Familien erpresst. Wann kommen einem bei einem Überfall im nigerianischen Busch schon zwei Europäerinnen unter?!

Ich suche nach den Kindern Mson, Terna und Bigi und als ich sie finde, schleiche ich mich unbemerkt zu ihnen hin und wir setzen uns ganz eng aneinander. Mson hat offensichtlich in die Hose gemacht und ich kann nur ahnen, in welcher Panik er sich befindet. Weit weg von zu Hause, das erste Mal in einem Bus und in einer zivilisierteren Welt – und dann so etwas. Ich versichere ihnen, obwohl ich weiß, dass sie mich gar nicht verstehen können, dass alles gut gehen wird und sie keine Angst haben müssen. Kurze Zeit darauf kommt auch Godwin angekrochen und wir warten eine weitere Stunde voller Ungewissheit.

Ich bin froh, dass es dunkel ist, denn ich will gar nicht wissen, welches Ungeziefer und vielleicht auch Schlangen, Skorpione oder Ähnliches um uns herumwimmeln. So langsam sickert der Grund durch, warum wir hier seit Stunden liegen. Unser Fahrer, offensichtlich Teil dieses Komplotts, ist erfolgreich getürmt und mit ihm der Zündschlüssel. Leises Geflüster unter den Passagieren durchbricht die ehemals angstvolle Stille. Nach geschlagenen drei Stunden wird der Bus endlich erfolgreich von den Banditen kurzgeschlossen, alle Überfallenen dürfen wieder in den Bus steigen und einer der Passagiere setzt sich hinter das Steuer, um uns durch die Nacht zurück nach Lagos zu fahren.

Erst im Bus macht sich bei mir der Schock breit, ich heule fast die komplette Fahrt über, zittere am ganzen Körper und zucke bei jedem entfernten Licht zusammen. Ganz im Gegensatz zu den anderen Passagieren, die sich lauthals über das Erlebte amüsieren, lachen und durcheinander rufen. Weder Kristina noch ich haben die Kraft, uns darüber zu beschweren. Im Nachhinein erkenne ich dieses Verhalten wirklich als Geschenk, wenn man auch in der fürchterlichsten Situation seinen Humor nicht verliert. Tatsächlich werden wir im Laufe der Nacht noch viermal angehalten, alles offizielle polizeiliche Straßenpatrouillen. Jedoch machen die auf mich den Anschein, als würden sie ebenso nach Beute suchen und erst nach genauerem Hinsehen und der Erkenntnis, dass bei uns sicher nichts mehr zu holen ist, an Aggressivität verlieren. Immerhin fahren wir ohne

Scheiben, sind alle von oben bis unten mit Dreck beschmiert und auf der Glatze eines Mannes prangt eine leuchtend rote Wunde von einem Stockschlag, die er bereitwillig als Beweis des Überfalls präsentiert. Vermutlich mehr fürs Protokoll wollen sie wissen, wo sich der Überfall ereignet hat. Ich bezweifle jedoch, dass sich auch nur einer dieser Polizisten auf den Weg dorthin gemacht hat.

Nach einer gefühlten Ewigkeit kommen wir auf einem Busbahnhof in Lagos an und sind gleich von einer Traube Menschen umzingelt, die uns bemitleiden, aber auch ermahnen. Es sei doch weithin bekannt, dass Nachtbusse überfallen werden. Ein Mann schenkt uns Brot und Wasser, eine Dame lässt uns bei sich auf Toilette und ein Dritter bezahlt uns sogar ein Taxi nach Hause. Was für ein Erlebnis.

Noch nach Tagen ist mir schlecht und ich bin fiebrig, vermutlich habe ich eine leichte Gehirnerschütterung. Jedoch entschließe ich mich nach langen Gesprächen mit meinen Eltern dazu, die letzten zwei Wochen in Lagos zu bleiben und nicht nach Hause zu fliegen. Im Nachhinein glaube ich, dass das eine sehr gute Entscheidung war. Diese negative Erfahrung konnte somit all das Gute, was mir passiert war, nicht überschatten. So hatte ich die Gelegenheit, mit dem Land wieder Frieden zu schließen. Kristina hingegen war bereits am nächsten Tag abgereist.

Abschied naht oder: „Are you f***ing kiddin‘ me, Lagos?”

Die letzten zwei Wochen in Lagos sind gekommen, und obwohl ich mich wahnsinnig auf zu Hause freue und auf die damit verbundenen Annehmlichkeiten, bin ich doch ein wenig wehmütig. Man weiß ja nie, wann es einen mal wieder nach Nigeria verschlägt …

Nach und nach verabschieden sich auch die asiatischen Praktikanten aus der „Casa de Mummy Margareth“, die ein paar Tage zuvor ihre Heimreise aus Abuja in einem luxuriösen und sicheren Reisebus hinter sich gebracht haben. Auch Elly reist ab und ich kann nicht sagen, dass mich das besonders traurig stimmt. Wenn sie überhaupt noch mit mir redet, beschränkt sie sich meist auf Aufforderungen wie: „Call!“, „Give!“ oder „Translate!“. Letzteres, weil sie bis zum Schluss Schwierigkeiten hat, sich verständlich zu machen, und ich wohl die Einzige bin, die versteht, was sie sagen will. Immerhin lässt sie 50 US-Dollar für Mummy zurück, was mich etwas milder stimmt. Außerdem eine Tüte voller chinesischer Medikamente, die Mummy in ihrem kleinen Tante-Emma-Laden verkaufen soll. Problem ist nur, dass sowohl die Verpackung als auch die Packungsbeilage ausschließlich chinesische Schriftzeichen aufweisen. Ich biete Mummy an, die Verpackungen abzufotografieren, an meiner deutschen Uni eine chinesische Studentin anzusprechen und eine Übersetzung zu erbitten. Doch ehe ich mich versehe, naschen Ife und Mummy von den farbenfrohen Kapseln und mutmaßen über deren Wirkung. Einige freundlich aussehende Tabletten – rote, pinke und orange – werden sofort geschluckt, andere nur angeleckt. Offensichtlich haben die drei dabei einen großen Spaß und ich bin mir sicher, dass alle Tabletten einzeln mit einem interessanten chinesischen Wirkstoff in Mummys Laden angepriesen und teuer verkauft werden.

Ich will die verbleibenden Tage gut nutzen und überlege mir, wie ich die Kinder auch in Zukunft unterstützen kann. Doch irgendwie stimmen mich Sach- und kleinere Geldspenden nicht zufrieden. Ein Haus muss her, daran führt kein Weg vorbei. Ich habe keine Ahnung, was ich mir mit dieser Idee aufhalse. Voller Elan setze ich mich an eine hemdsärmelige Skizze und bitte Godwin, ein paar Termine mit Architekten und Handwerkern zu vereinbaren. Ratzfatz geben sich schon am nächsten Tag allerlei Leute die Klinke in die Hand und versprechen mir alle möglichen Pläne und Kostenvoranschläge noch vor meiner Abreise. Das klappt ja wie am Schnürchen. Anmerkung: Wenn es ums Geldmachen geht, können auch die Nigerianer zuverlässig sein – ob man dann bekommt, was man will, steht auf einem anderen Blatt.

In der Zwischenzeit bemühen sich Godwin und ich um gutherzige Pflegeeltern für Terna und Terhili. Denn aktuell haben wir weder den Platz noch das Geld, um alle drei Neuzugänge bei uns aufzunehmen. Nur Mson soll im FHOH verbleiben. Bei Bigis Pflegemutter, einer älteren alleinstehenden Dame, deren Kinder in den USA leben, bin ich zunächst skeptisch, denn sie ist bereits weit über sechzig. Wenn ich Bigi allerdings heute sehe, weiß ich, dass es eine tolle Chance für ihn war. Abgesehen davon, dass er immer chic und exklusiv gekleidet war und ein Handy hatte, war er ebenso Schulsprecher, mehrfach Klassenbester und arbeitete an einer kleinen Musikkarriere. Auch wenn die alte Dame mittlerweile verstorben ist und Bigi wieder bei uns lebt, haben ihm ihre finanziellen Möglichkeiten die ein oder andere Tür geöffnet. Er studiert aktuell an einer Universität in Benin.

Ein weiteres anstehendes Ereignis stimmt mich schon Tage vorher ganz aufgeregt. Ein paar Aiesecer, unter ihnen auch mein Freund Ekon, wollen mit uns Praktikanten in einen Club auf Lagos Island gehen. Endlich tanzen! Großprotzig wie er ist, erklärt mir Ekon:

„It's all on me today."

Aha, na wenn das so ist, sag ich mal nicht nein, ich hatte schließlich genug Stress mit ihm.

Eine weitere deutsche Studentin namens Dinah kommt ebenfalls mit und ich, als erfahrene Lagos-Kennerin, erkläre mich bereit, sie abzuholen und mit ihr gemeinsam Richtung Uni-Campus aufzubrechen. Nachträglich betrachtet mal wieder leichtsinnig ohne Ende, trotzdem bin ich unglaublich stolz auf mich, als ich nach der Fahrt mit fünf verschiedenen Transportmitteln wohlbehalten bei Dinah eintreffe. Die ist nicht minder beeindruckt. Denn trotz ihrer kurzen Aufenthaltsdauer weiß sie schon jetzt, wie kompliziert dieses öffentliche Verkehrsmittelnetz ist, das ohne beschilderte Haltestellen oder angesagte Stopps auskommt. Ich verschweige ihr jedoch, dass ich dem ein oder anderen Okada-Fahrer etwas mehr Geld versprochen habe, wenn er mich sicher an mein Ziel bringt, und sonne mich in Dinahs Anerkennung. Better save than sorry!

Ab jetzt zu zweit brechen wir zu einem weiteren Marathon auf und erreichen gegen spät abends das Büro von Aiesec. Dinah gefällt mir schon jetzt, zwar ist sie ein bisschen schräg, aber sie hat keine Angst, jeden energisch in die Schranken zu verweisen, der ihr irgendwie blöd kommt – und das waren an dem Abend gar nicht so wenige. Nach mehreren Gläsern Kopfwehwein in zwei verschiedenen Bars landen wir gegen 1 Uhr nachts in einem Club auf Lagos Island, einer Halbinsel, der man kaum anmerkt, dass sie in Afrika liegt. Es laufen Hip Hop und African Pop und es ist unmöglich, dabei die Beine still zu halten. Und, wie soll ich sagen, die Nigerianerinnen können auch ganz andere Körperteile nicht still halten. Mammamia! Das ist ein Getatsche und Gerubbel und man muss sich erst einmal daran gewöhnen, dass man sich inmitten einer bekleideten „Gang Bang" befindet. Während Dinah und ich den bisherigen Abend von jungen Nigerianern belagert worden sind, bemüht sich auf der Tanzfläche keiner mehr um uns. Der Grund liegt auf der Hand – oder vielmehr auf dem Hintern. Ich freue mich, Alex wiederzusehen. Ihr erinnert euch, der schüchterne Chauffeur, der mich zusammen mit Ekon vom Flughafen abgeholt hat. Doch er spricht immer noch kein Wort mit mir. Stattdessen fängt er an, um mich herumzutänzeln, wobei tanzen vielleicht nicht das richtige Wort ist. Über Stunden, zumindest kommt es mir so vor, formt er mit seinen Armen ein unsichtbares Rechteck nach dem anderen um mich herum.

Das Rechteck wird dann von oben nach unten abgetanzt, während ich in meinem Quader schüchtern mit den Hüften wackle. Muss ein lustiges Schauspiel sein, denn selbst Ekon kann sich ein Lächeln nicht verkneifen.

Um 5 Uhr morgens schließt der Club und es ist mal wieder zu spät oder noch zu früh, Dinah und mich zu Mummy zurückzubringen. Zu meinem Entsetzen bringen uns Ekon und Alex in ihr Einzimmerapartment, das mir noch in zu guter Erinnerung ist. Doch diesmal habe ich Dinah an meiner Seite, die beim Betreten des Raumes etwas weniger taktvoll reagiert:

„Beeeeeh, guys, it smells so bad in here. You need to clean it … beeeeh."

Wohl etwas beleidigt, nachdem Dinah all ihre Reinigungsvorschläge zum Besten gegeben hat, bringen die Jungs uns schon eine Stunde später zurück zu Mummy. Mir ist es wichtig, dass wir dieses eine Mal pünktlich sind, denn morgen reise ich ab und in Nigeria ist es üblich, dass man eine Person, die auf Reisen geht, mit einer kleinen Party, einem sogenannten „Send forth", verabschiedet. Und diese Feier soll heute stattfinden. Noch immer übernächtigt helfe ich Godwin bei den letzten Vorbereitungen und kaufe Getränke und frisches Obst. Godwin hat in meiner Abwesenheit bereits ein Zelt, Stühle und eine Anlage mit Boxen organisiert und ich komme nicht umhin, etwas beeindruckt zu sein.

Mit nur zwei Stunden Verspätung beginnt also die Party und ich bin überrascht, wie viele Gäste kommen – eigentlich jeder und jede, dem oder der ich in den letzten acht Wochen begegnet bin. Es wird für meine sichere Rückreise und meine baldige Wiederkehr gebetet, es wird gesungen und getanzt und die Kinder führen ein Theaterstück auf, bei dem ich, gespielt von Ibukun, einen Oba, gespielt von Praise, besuche. Da die Nigerianer gerne Reden schwingen, gibt es unzählige Personen, die am Mikrofon etwas über mich erzählen wollen, doch es ist Godwins Rede, die mich völlig aus dem Konzept bringt:

„I thought I love these children with all my heart but you showed me that I didn't. What she did here in two months, I couldn't do in one year. She is like a mother."

Anschließend werde ich selbst ans Mikrofon gebeten, aber mir versagt die Stimme und Tränen fließen mir in Strömen über die Wangen. Als ich am Ende des Tages völlig erschöpft ins Bett falle, heule ich immer noch. Doch ich spüre auch eine unglaubliche Dankbarkeit und Glückseligkeit, dass ich so eine tolle Erinnerung mein Eigen nennen darf. Vergessen ist all der Ärger, der Schmutz, der Lärm, der Überfall; es bleibt nur noch die Gewissheit, dass ich ab jetzt auch irgendwie hierhergehöre.

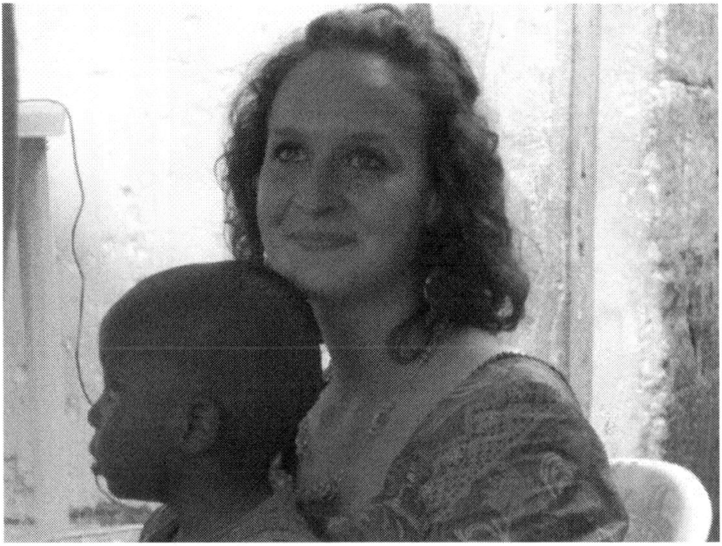

Gerührt nehme ich Abschied

Am nächsten Tag warte ich mehr oder weniger geduldig mit den Kindern bei Mummy auf mein Taxi, das natürlich eine Stunde zu spät eintrifft. Erneut muss ich mich von allen verabschieden, weine so sehr und versuche trotzdem, Terna aufzuheitern. Er ist so traurig über meine Abreise, dass er sich weigert, mich zum Abschied zu umarmen. Halb traurig, halb wütend stürmt er davon, als ich die Tür des Taxis zuschlage, während mir alle anderen Kinder winken, bis ich um die Ecke biege.

Auf den Straßen herrscht Chaos, was ungewöhnlich ist, denn es ist Sonntag und die meisten Nigerianer gehen nach dem allwöchentlichen Gottesdienst nach Hause und bleiben auch dort. Doch anscheinend nicht so an diesem Tag.

Godwin und Ife, die mich begleiten, bemerken meine Nervosität und versichern mir, dass ich meinen Flug sicher schaffen werde: „Nooooo problem."

Die Leute auf der Straße fahren wie die letzten Fahranfänger, überall ist Stau oder mindestens zähflüssiger Verkehr. Jeder drängelt, hupt und quetscht sich mit Gewalt in die ohnehin schon verstopften Straßen. Mein absoluter Tiefpunkt kommt bei einer Kreuzung, in die vier Ungeduldige gleichzeitig hineingefahren und durch die sofort nachrückenden Autos auch so schnell nicht mehr herausgekommen sind. Eine Ode auf Ampeln, Vorfahrtsschilder und brave deutsche Autofahrer! Der Stau wird immer länger und es dauert mindestens fünfundvierzig Minuten, bis sich mehrere Fahrer erbarmen, aus ihren Autos auszusteigen und das Wollknäuel aufzulösen. Zu allem Überfluss verreckt uns kurz darauf unser Auto. Ängstlich schaue ich auf die Uhr, die schon 20 Uhr anzeigt, und dann in den Himmel, um unseren lieben Herrgott zu fragen, ob das jetzt wirklich notwendig ist. Dann werde ich panisch und selbst Ife und Godwin murmeln ein paar Stoßgebete gen Himmel.

Der Taxifahrer kennt sein Auto Gott sei Dank recht gut und kriegt es nach nur wenigen Handgriffen wieder zum Laufen. Wir reihen uns also wieder in den Verkehr ein, nur um kurz darauf schon wieder anzuhalten, weil das Fahrzeug vor uns offensichtlich mechanische Probleme hat. Es qualmt und dampft und wir sitzen im nächsten Stau. Meine Panik schlägt in Hysterie um und als jemand, der an Zeichen des Universums glaubt, frage ich mich, ob ich vielleicht gar nicht fliegen soll?! Mein Bauchgefühl wird nicht gerade besser, als wir endlich weiterfahren können und unser Taxi nach einer kurzen Raserei schon wieder versagt. Und das an einem dunklen Ort, direkt an der Flughafenstraße. Es kommen kaum Autos vorbei und ein anderes Taxi schon zehnmal nicht. Es ist mittlerweile 21 Uhr, Abflug ist in einer Stunde. Das schaffe ich nie. Wie wahrscheinlich ist es, dass hier in den nächsten Minuten ein freies Taxi vorbeikommt und mich mitnimmt? Unglaublicherweise hält nur wenige Augenblicke später ein gelber Pkw neben uns und der Fahrer steigt schimpfend aus dem Auto aus: Was wir um diese Zeit in dieser einsamen Straße machen, ob wir nicht wüssten, dass das gefährlich sei?!

Am liebsten würde ich diesen Mann abknutschen, aber stattdessen springen wir drei in das freie Taxi und ab jetzt geht alles reibungslos. Nach einer weiteren herzlichen Verabschiedungsrunde von Godwin und Ife am Flughafen sitze ich wohlbehalten und verschwitzt im Flieger, eingequetscht zwischen zwei üppigen Nigerianern, die mir interessiert über die Schulter schauen. Aber das ist jetzt egal! Ich lese die lieben Abschiedsworte, die mir alle in mein Tagebuch geschrieben haben, und wieder kommen mir die Tränen und ich spüre einfach nur Dankbarkeit. Dann schreibe ich den letzten Satz in mein Tagebuch: Auf ins nächste Abenteuer.

Lagos: Klappe, die zweite!

Was bisher geschah oder: Machen Sie doch etwas Größeres daraus

Zurück in Deutschland habe ich erst einmal ein paar Tage einen kleinen Kulturschock. Schon allein die ruhige Autofahrt vom Flughafen zu meinen Großeltern – ich habe mir nämlich Schäufele und Klöße zu meiner Rückkehr gewünscht und das kann nur meine Oma richtig gut – ist eine Reha für meine Ohren. Eine Dusche, Internet, ein voller Kühlschrank und natürlich meine heißgeliebte Toilette mit Spülung sorgen eine Woche lang für die Ausschüttung von Glückshormonen.

Begeistert erzähle ich jedem, der es hören will, von meinen Erlebnissen in diesem verrückten Land. Eine mir bekannte Journalistin sorgt sogar dafür, dass meine Geschichte in den Nürnberger Nachrichten landet. Wahnsinn, wie viele positive und ermutigende Zuschriften ich erhalte, sogar Umschläge mit kleineren Geldbeträgen sind dabei. Mein Hirn fängt an zu rattern und ich überlege fieberhaft, wie ich den Kindern in Lagos am besten helfen kann. Doch letztendlich ist es ein Anruf der damaligen Vorsitzenden des Zonta-Vereins Nürnberg, die mir den letzten Schubser gibt. Sie fragt mich konkret nach meinen Plänen. Das, was ich ihr schildere, ist ihr anscheinend nicht genug und sie schließt unser Telefonat mit den Worten: „Machen Sie doch etwas Größeres daraus." Also gut, dann bauen wir eben dieses Waisenhaus.

In den kommenden Monaten gründe ich zusammen mit sechs anderen Engagierten den deutschen Verein *Future Hope Orphanage Home e. V.* mit dem Zweck, Waisenkinder in Nigeria zu unterstützen. Zusammen mit einer Freundin entwerfen wir Flyer, Visitenkarten, die ich damals noch per Hand ausschneiden muss, ein Vereinslogo und einen Webauftritt. Über Freunde, Familie und Bekannte sammele ich etwa 700 Euro Spendengelder. Noch heute bin ich dankbar für diese Starthilfe, die ich ohne jegliche Referenzen oder die Möglichkeit, Spendenquittungen zu schreiben, erhalten habe. Danke für euer Vertrauen. Tja und dann heißt es knapp zwölf Monate später: Back to Naija.

Ein Wiedersehen mit Tränen oder: Báwoni, zweite Heimat

Als wolle mich Lagos aus der Ferne grüßen, beginnt meine zweite Reise mit purem Stress. Das Billigticket ab Nürnberg über London nach Lagos Murtala Muhammed International Airport sieht nämlich einen Flughafentransfer von London Gatwick nach London Heathrow vor. Und das innerhalb von zwei Stunden. Das hätte vielleicht knapp gereicht, wenn nicht bereits der erste Flieger von Nürnberg nach Gatwick Verspätung gehabt hätte. Zu allem Überfluss hält mich die Dame an der Passkontrolle in London unnötig lange auf, weil angeblich irgendetwas mit meiner Personalausweisnummer nicht stimmt. In Eile hieve ich meinen vierzig Kilo schweren Koffer vom Gepäckband und suche panisch nach einem Shuttle-Bus. Ich werde fündig, doch die Dame am Schalter lacht mich nur aus und meint, dass ich das in einer Stunde nie schaffen würde. Sie ruft mir ein Taxi, das schlappe 65 Pfund kostet. Aus Mangel an Alternativen setze ich mich in das Taxi und rufe heulend meine Mutter an. Flug und andere Kosten habe ich bis heute immer aus meinem eigenen Geldbeutel bezahlt, und wenn man als junge Studentin knapp 100 Euro für einen Taxitransfer zahlt, der einem nicht einmal garantiert, dass man den Flieger schafft, darf man schon mal die Fasson verlieren. Schweißgebadet komme ich in Heathrow an und vergesse im Sicherheitscheck prompt meine Uhr, die ich zu meinem achtzehnten Geburtstag geschenkt bekommen habe. Genau jene Uhr, die ich vor einem Jahr erfolgreich vor den Banditen verstecken konnte. Den Tränen erneut nahe renne ich zum Boarding Gate der nigerianischen Airline Arik, und was sehe ich: eine lange Schlange Nigerianer und eine voraussichtliche Verspätung des Fliegers um eine Stunde. Vorbei ist es mit meiner Contenance. Ich renne zu einem Nigerianer, der damit beschäftigt ist, die Tickets der Passagiere zu überprüfen, und mache meinem Ruf als Screaming Girl alle Ehre. Nach einer ordentlichen Standpauke für Unannehmlichkeiten, für die der junge Mann natürlich nichts kann, schaut er mich verdutzt, planlos und vielleicht auch ein wenig amüsiert an. Tja, liebe Leute, und so bekommt man ein Upgrade in die Business Class. In meinen knallroten Jogginghosen, Turnschuhen und dem ältesten T-Shirt, das ich besitze, fühle ich mich zwar etwas fehl am Platz, aber so eine Gelegenheit bekommt man ja nicht alle Tage. *Naija*, du schaffst es doch immer wieder, aus Hektik, Stress und einer Portion Verspätung ein Happy End zu zaubern.

Als ich acht Stunden später die Gepäckhalle in Lagos verlasse, fallen mir Godwin und Ife in die Arme. Wir weinen und herzen uns und im Nachhinein denke ich, dass wir uns deswegen so sehr über ein Wiedersehen gefreut haben, weil wir uns alle unsicher waren, ob es überhaupt jemals wieder dazu kommt. Ich fühle mich diesem Land auf eine seltsame Art und Weise verbunden. Obwohl ich durch meine Hautfarbe auffalle wie ein bunter Hund, bin ich von den Nigerianern nie als Fremde behandelt worden.

Wie ein unsichtbarer Hammer erschlägt mich die nigerianische Hitze in dem Moment, als ich die Schiebetüren des Flughafens hinter mir lasse. Schon jetzt vermisse ich funktionierende Toiletten und einen guten Kaffee am Morgen. Dafür freue ich mich umso mehr auf die Kinder und bin so gespannt, wie sie sich nach einem Jahr Abwesenheit entwickelt haben. Glücklicherweise bin ich auch dieses Jahr wieder bei Mummy Margareth untergebracht und muss mich nicht auch noch an neue Leute und eine neue Unterkunft gewöhnen.

Mson und Seun warten bereits in meinem Zimmer auf mich; ich bin erstaunt, wie toll Mson sich entwickelt hat. Zwar merkt man ihm seine Sprachbehinderung noch deutlich an, aber immerhin spricht er jetzt Englisch. Mson hinkt sichtbar mit dem rechten Bein, aber sein ganzes Auftreten ist weniger schüchtern und so herrlich sonnig. Er hängt an mir wie eine Klette. Die anderen Kinder erzählen mir, dass Mson, immer wenn er ein Flugzeug sieht, „Aunty Christina" ruft. Mein Herz schmilzt.

Nach einer Weile kommen Ibukun und Praise dazu, deutlich gewachsen und augenscheinlich mitten in der Pubertät, und ein neuer Junge im selben Alter namens Junior.

Ich weiß, es ist irgendwie blöd, so etwas über ein Kind zu sagen, aber Junior hat irgendwie eine fiese Ausstrahlung. Und mein Bauchgefühl soll sich schon wenige Monate darauf bewahrheiten, als Godwin sich entscheidet, Junior ziehen zu lassen. Nicht nur, dass ihm der nötige Respekt vor anderen Menschen fehlt, was für nigerianische Kinder höchst ungewöhnlich ist, oder dass er durch Klauen und Gewalt negativ auffällt. Sondern, dass sich vor allem Praise ein schlechtes Beispiel an ihm nimmt und sich von seinem Verhalten immer mehr abschaut. Wer weiß, was Junior in seinem jungen Leben schon erleben musste, um so zu werden. Aber er will offensichtlich nicht bei uns bleiben und gefährdet mit seinem Verhalten das Wohl der anderen Kinder. Auch wenn ich noch öfter an ihn denke und mich frage, wie es ihm jetzt wohl geht, war es vermutlich die richtige Entscheidung.

Bei einer leckeren Tasse Instantkaffee sitze ich am Nachmittag mit Godwin und einer hübschen, sehr sympathischen Nigerianerin namens Mary am Küchentisch. Wir tauschen die üblichen Floskeln aus:

„Hello, how are you?"

„I am fine!"

„How is Germany?"

„Fine!"

Aber bis auf ihren Namen wird sie mir nicht weiter vorgestellt. Eigentlich wundert mich das nicht besonders, denn im Laufe meines ersten Aufenthaltes saßen mir zahlreiche Unbekannte gegenüber, die einfach nur stumm dabei waren und sich nicht am Gespräch beteiligten. Deshalb bestehe ich auch bei Mary auf keine näheren Details.

Godwin erzählt mir von seinen zahlreichen Projekten, die er seit dem letzten Jahr initiiert hat. Ich muss ein wenig schmunzeln, als er beim Bau einer öffentlichen Toilette nahe dem Busbahnhof in Ikotun ankommt, der ganz klar das Ergebnis meiner ständigen Nörgeleien ist. Als ich einige Tage später diese Toilette besichtige, die Worte „America Public Toilet" prangen über der Tür, bleibe ich zwar doch eher beim Verkneifen, aber ich fühle mich dennoch sehr geehrt.

Godwin initiiert den Bau einer öffentlichen Toilette auf dem Markt von Ikotun

Außerdem erzählt Godwin mir, dass er mit den Jugendlichen aus dem Youth Friendly Center jetzt Seifen und Haarshampoos produziert, um dem Jugendzentrum mehr Einnahmen zu verschaffen. Ganz stolz überreicht er mir eine Flasche mit giftgrünem Inhalt und sagt mit dem breitesten Grinsen: „A gift for your hair." Ich bedanke mich überschwänglich, vermute jedoch, dass mein ohnehin feines Haar nach einer Wäsche mit dieser Chemiekeule zu einem Kurzhaar-Flickenteppich werden würde. Schon allein, weil das dicke, krause Haar der Afrikaner einfach ganz andere Bedürfnisse hat als mein dünnes Spaghetti-Haar. Ganz zu schweigen von den eher zweifelhaften Inhaltsstoffen.

Godwin erzählt mir noch von den vielen Kirchenbesuchen und Briefen mit Spendenanfragen, die er im Laufe des letzten Jahres absolviert beziehungsweise geschrieben hat. Als das Gespräch langsam schleppender wird, weil alles erzählt ist, fügt er noch abschließend hinzu: „Ach so, ja, und übrigens, das ist meine Verlobte und wir heiraten nächste Woche." Ich erkenne den Teenager in Godwin, denn diese Worte hervorzubringen kostet ihn ersichtlich viel Überwindung. Jetzt jedoch grinst er schüchtern vor sich hin. Ich strahle Mary, die ich während unseres Gesprächs schon fast vergessen habe, fragend an, so als müsste ich diese Aussage von ihr noch einmal bestätigt bekommen. Ich bin sofort begeistert, denn Mary macht auf mich einen herzlichen Eindruck, sie punktet mit viel Sympathie und einem guten Händchen für die Kids, wie ich in Zukunft immer wieder feststellen werde. Vor allem aber kann ich es kaum erwarten, auf meine erste nigerianische Hochzeit zu gehen.

Nigerianische Feste oder: Wer zu spät kommt, verpasst das Beste

Ich bin ein Fan von nigerianischen Feiern – egal ob zum Geburtstag, zum Abschied, dem sogenannten „Send forth“, oder zur Geburt eines Kindes. Ich durfte Mummy Margareths Geburtstag gleich mehrere Jahre hintereinander beiwohnen und freue mich immer wieder darüber, wie liebevoll die Vorbereitungen getroffen werden und wie sehr das Geburtstagskind an seinem Ehrentag gefeiert wird. Neben einem bunten Kuchen mit der Aufschrift „sweetest mum“ und der Tatsache, dass den ganzen Tag absolut jeder Besucher herzlich willkommen ist, mag ich vor allem die lieben Worte. Das Geburtstagskind darf sich hierzu in die Mitte eines Kreises setzen, während alle Anwesenden der Reihe nach etwas Nettes und oftmals sehr Rührendes erzählen. Auch wenn ich nicht vor Ort bin, lese ich auf Facebook oft die schönsten Glückwünsche, die die Wertschätzung für diese Person auf herzlichste Art und Weise auf den Punkt bringen. Dann ist eine nigerianische Hochzeitsfeier bestimmt das Sahnehäubchen mit Kirsche oben drauf?!

Am nächsten Morgen, als ich frisch und erholt ins Esszimmer komme, treffe ich am Küchentisch auf Godwin, der entweder schon wieder oder immer noch hier ist. Er brütet über einer handgeschriebenen Liste. Ich setze mich zu ihm und schaue ihn fragend an, woraufhin er mir das knittrige Blatt Papier zuschiebt. Ihr müsst wissen, dass man in Nigeria – meines Wissens unabhängig von der gesellschaftlichen Schicht – die Braut von den Eltern und dem gesamten Heimatdorf abkaufen muss. Je schöner und gebildeter die Braut ist, umso teurer wird es für den Bräutigam. Und diese ellenlange Liste stellt sozusagen den Brautpreis für Mary dar: Fruchtkörbe, Stoffe, Reissäcke, Bier, Wein, Geld für Geschwister, die Eltern, aber auch für entfernte Verwandte und das gesamte Dorf und, und, und. Ich verstehe sofort, dass Männer hier in die Bredouille kommen, auch wenn sie ihre Herzensdame gefunden haben. Ich bekomme sofort Mitleid und gebe ihm einen kleinen Zuschuss, damit die Hochzeit nicht kurzfristig abgesagt werden muss. So wie ich Godwin kenne, wird er vermutlich dennoch improvisieren müssen. Denn die Liste ist lang und teuer.

Eine Nacht vor der Hochzeit dürfen Seun, Ibukun und Mson bei mir übernachten: „Pyjama-Party, yeah!" Schon um 4 Uhr morgens (ahh!) höre ich die Kinder aufgeregt flüstern und auch ich kann nicht mehr einschlafen. Um 5.30 Uhr dürfen sie dann endlich aufstehen, sich duschen und fertig machen, um pünktlich mit der ersten Fuhre zur Hochzeit zu kommen. Hübsch sehen sie aus in ihren nigerianischen Kleidern, die alle in den gleichen Farben und Mustern schimmern. Auch ich werde so langsam aufgeregt und freue mich vor allem auf den traditionellen Teil, bei dem der Bräutigam bei der Brautfamilie um seine Zukünftige schachert und diese dann letztendlich freigegeben wird. Der vergleichsweise schicke Mercedes A-Klasse, der mich zur Hochzeit bringen soll und natürlich viel zu spät erscheint, steht zu allem Überfluss stundenlang im Stau. Ihr ahnt es schon: Ich verpasse den traditionellen Teil, auch wenn die Hochzeitsgesellschaft auf Godwins Wunsch über eine Stunde auf mein Eintreffen gewartet hat. Ich habe brutal schlechte Laune, bin sauer auf Lagos und diese blöden Staus, und es ist nur ein kleiner Trost, dass ich auch dreißig Minuten vom Gottesdienst verpasse. Mein absolutes Highlight bei der Trauung ist, dass weder der Pfarrer noch Godwin den vollen Namen der Braut aussprechen können: Mary Eguaokun Ivbagbemien – anscheinend ein sehr schwerer Yoruba-Name. Beide versuchen es immer wieder mit einem unverständlichen Gestammel – und das ganze siebenmal – weswegen die komplette Hochzeitsgesellschaft in Heiterkeit verfällt und die Brautfamilie immer wieder den korrekten Namen Richtung Altar rufen muss. Wirklich zum Totlachen!

Nach einem filmreifen Kuss, der die Trauung besiegelt und Godwins Martyrium beendet, folgen viele international bekannte Hochzeitstraditionen: Gemeinsam den Kuchen anschneiden und sich gegenseitig damit vollschmieren, Fotos, Reden, ein Theaterstück der Kinder und zu Godwins Grauen auch der erste gemeinsame Tanz vor Publikum. Es ist allgemein bekannt, dass er nicht zu den Nigerianern mit Rhythmus im Blut gehört. Deswegen muss man es ihm hoch anrechnen, dass er mit schüchternen Bewegungen, die manchmal im, aber meistens aus dem Takt sind, um seine frisch angetraute Ehefrau tänzelt. Wie immer halten die Gäste mit ihrer Schadenfreude nicht hinterm Berg, lachen lauthals mit und über ihn und bewerfen das Paar mit zahlreichen Naira-Scheinen. Alle tanzen miteinander, es ist laut und fröhlich und genau nach meinem Geschmack. Natürlich gibt es weder Alkohol- noch sonstige Exzesse, weswegen um 18 Uhr die Party aufgelöst wird. Gar nicht so schlecht, so bleibt zumindest viel Zeit für eine entspannte und vor allem nüchterne Hochzeitsnacht für Mary und Godwin Kudi. Und auch ich bin eigentlich ganz dankbar, zu meiner Gastfamilie zurückgefahren zu werden und nach diesem langen Tag in mein Bett fallen zu können. Selbstverständlich nicht ohne mit einem unbekannten Vierjährigen auf dem Schoß drei Stunden im Stau zu stehen – aber das war mir dann auch schon egal.

Godwin und Mary, das glückliche Hochzeitspaar

Erste Schritte Richtung Hausbau oder: Gut geplant ist auch nur geschätzt

Für meinen zweiten Aufenthalt stehen vor allem die Kostenkalkulation und Planung für den Bau des Waisenhauses im Fokus. Ehrlicherweise eine Phase, die mir weniger Spaß gemacht hat, weil vieles einfach ewig dauert und dann meistens immer noch nicht das ist, was man ursprünglich wollte.

Zahlreiche Unterhaltungen und Diskussionen mit sogenannten Architekten, Handwerkern oder privaten Häuslebauern liefern alle mehr oder weniger gut gemeinte, hilfreiche oder gar ermutigende Tipps. Meistens scheitert die Kommunikation allerdings schon am Zuhören, weswegen die wenigen Kostenkalkulationen, die ich dann tatsächlich erhalte, eher nutzlos sind. Entweder wollen die werten Herren nicht verstehen, dass man noch gar kein Geld für den Hausbau hat und daher nicht nächste Woche starten kann – in Nigeria ist es durchaus üblich, dass man einfach mal anfängt, und dann sieht man schon, wie lange das Geld reicht – oder sie bringen Pläne für Häuser, die weit über dreihundert Kinder beherbergen können. Mein Fazit aus diesen Unterhaltungen ist, dass es einfacher und billiger werden würde, wenn wir A) selbst unser eigener Bauherr und Architekt wären und B) ich eine schwarze Hautfarbe hätte. Da B) nicht zur Diskussion steht, versuche ich zumindest selbst ein besseres Gefühl für Preise und Kosten zu bekommen.

Zusammen mit Ife und seinem Bruder Emmanuel setzen wir uns in einen uralten VW Passat und fahren eine lange Straße ab, auf der sich hauptsächlich Verkäufer für Baumaterialien angesiedelt haben. Mir fällt mal wieder auf, wie komfortabel ich es doch in Deutschland habe. Zum Baumarkt hin, alles drin. In Lagos hingegen fahren wir besagte kilometerlange Straße rauf und runter. Meine zwei Mitfahrer springen abwechselnd alle hundert Meter aus dem Auto, um die Preise für Rohre, Zement, Bausteine, Eisenstangen, Elektrik, Wassertanks und sämtliche Inneneinrichtung zu erfragen. Erschwerend kommt hinzu, dass Ife diese Fahrt auch als Fahrstunde für seinen jüngeren Bruder Emmanuel nutzt und das häufige Anfahren, Anhalten, rechts Einscheren und links Einscheren nicht gerade reibungslos verläuft. Aber gut, wenn ich mich an meine erste Fahrstunde erinnere, war das auch nicht besser. Jedoch musste ich es nicht auf einer Straße in Lagos und schon gar nicht ohne Fahrlehrer machen, der zur Not noch in die Bremsen steigen kann. Nichtsdestotrotz kann ich nach dieser holprigen Fahrt knapp hundert Zeilen in Excel befüllen und habe zumindest das Gefühl, die Kosten etwas besser abschätzen zu können.

Dennoch sehen wir es als keine Option ohne Architekt und Bauherren zu bauen. Wir beschließen also, den nigerianischen Architekten, gleichzeitig auch Pastor und Lehrer, mit Namen Bako[13] zu engagieren. Bako beeindruckt mich

[13] Name von der Autorin geändert.

zuallererst mit seiner Pünktlichkeit (das ist jetzt kein Sarkasmus), denn er erscheint wirklich in all den Jahren immer zu der Uhrzeit, die wir vereinbart haben, manchmal sogar schon zehn Minuten vorher. So herrlich deutsch! Ich schreibe in mein Tagebuch, dass Bako professionell und vertrauenswürdig rüberkommt, auch wenn er oftmals zwar pünktlich, aber ohne die versprochenen Pläne erscheint. Auf Dauer ist er eher anstrengend, vor allem wenn zwischenzeitlich das Handy tagelang ausgeschaltet oder der Drucker plötzlich kaputt ist, wenn man ihm einen geplanten Besuch abstattet. Das und viele andere Gründe sorgen dafür, dass Bako und ich noch „sehr gute Freunde" werden sollen.

Nachdem ein mehrstöckiges Gebäude wegen des hohen Preises ausscheidet, wir reden hier über mindestens 90.000 Euro, fassen wir einen großzügigen Bungalow ins Auge, der uns etwa 50.000 Euro kosten wird. Puh, Bauen in Afrika ist demnach teurer als gedacht, und das nicht mal in Lagos direkt, sondern in Gegenden, die noch wenig besiedelt sind. Dafür sind Grundstückspreise außerhalb der Megacity relativ erschwinglich und wir liegen bei einem Standardgrundstück von sechsunddreißig Metern auf achtzehn Metern irgendwo zwischen 2.000 und 3.000 Euro.

Ein Haus in Lagos zu planen und schließlich zu bauen, ist aber nicht meine einzige Sorge. Die Deutsche in mir will sich auch rechtlich absichern, schon allein deshalb, weil auf jeder Grundstücksmauer in Nigeria die Worte „This land is not for sale, beware of §419", prangern. Hierdurch wird vermieden, dass korrupte Makler ein und dasselbe Grundstück gleich doppelt und dreifach verkaufen. Vor dieser zweiten Reise habe ich mich also um ein Gespräch mit einer nigerianischen Anwaltskanzlei bemüht, der Kontakt hatte sich über ein paar Ecken mittels einer Facebook-Bekanntschaft ergeben. Mein Ansprechpartner, der angebliche Neffe eines ehemaligen nigerianischen Präsidenten, hat nur leider vergessen zu erwähnen, dass wir ein wohltätiger Verein sind, der sich das teure Honorar eines Anwalts mit einer Kanzlei auf Lagos Island weder leisten will noch kann. Die zwei Anwälte sind dennoch sehr nett und verständnisvoll und bereit, von ihrem Stundenhonorar von 25.000 Naira abzuweichen. Trotzdem ist es mir das nicht wert. Immerhin bauen Millionen Nigerianer auch ohne Anwalt. Das Gespräch ist demnach beendet, bevor es überhaupt begonnen hat, und ich bin entsprechend enttäuscht und verunsichert. Nach dem missglückten Termin rufe ich bei Godwin an; dieser schafft es mal wieder, mich mit seiner Das-Glas-ist-halbvoll-Manier aufzuheitern und mich davon zu überzeugen, dass wir keinen Anwalt brauchen. No problem!

This house is not for sale – keine Chance für korrupte Makler

Und er soll Recht behalten, denn es ist eigentlich ganz einfach: Anders als in Deutschland gehört nigerianisches Land entweder der Regierung oder einem lokalen König. Nachdem man also mit einem Makler ein geeignetes Grundstück gefunden hat, sollte man zuerst einmal prüfen, ob das Land bereits durch die Regierung verplant, zum Beispiel für zukünftige Schulen oder Krankenhäuser, oder verkauft worden ist. Falls man das Glück hat und tatsächlich noch ein freies Stück Land erwischt, muss man beim lokalen König vorsprechen, der wiederum über *deal or no deal* entscheidet. Sobald man im Besitz des „Certificate of ownership" ist, kann man sich stolzer Besitzer eines Grundstückes nennen – natürlich nur als Nigerianer, als Ausländer darf man in Nigeria nämlich nicht so einfach kaufen.

Eine noch viel größere Enttäuschung wartet jedoch erst nach dem gescheiterten Anwaltstermin auf mich. Durch einen Vortrag über den Verein und Nigeria in meiner alten Schule kam ich mit einer deutschen Familie in Kontakt, die einige Jahre in Lagos gelebt hat. Sie vermittelten mir den Kontakt zu zwei holländischen Frauen, die schon seit Langem in Lagos leben, und ich erhoffe mir jetzt einen Austausch von Erfahrungen und Ideen. Eine der beiden Damen hat kurzfristig abgesagt, weswegen ich nur Ayino in ihrem Laden für nigerianische Kunst und Dekorationsartikel treffe. Ich bin begeistert von den vielen schönen Statuen und Gemälden und gratuliere Ayino zu ihrem tollen Geschmack. Was aus ihrem Mund kommt, ist allerdings alles andere als geschmackvoll. Sie beleidigt Ife, der mich netterweise nach Lagos Island begleitet hat, sie unterstellt mir Naivität und rät mir, alles sein zu lassen und dieses Land so schnell wie möglich wieder zu verlassen. Die Nigerianer seien vertrauensunwürdig, manipulativ, kriminell und egoistisch.

Als ich den Laden verlasse, bin ich den Tränen nahe. Paradoxerweise ist es Ife, der mich in den Arm nimmt und mir zuflüstert: „She made bad experiences, don't listen to her", und vermutlich hat er recht. Ayino, falls du das hier jemals lesen solltest: Es tut mir leid, dass du mit den Nigerianern schlechte Erfahrungen gemacht hast. Trotzdem sollte man sich ein Mindestmaß an Respekt bewahren. Zusammen mit Nigerianern habe ich das Waisenhaus gebaut. Seit 2014 läuft es fast ohne meine Supervision. Ich bin stolz auf Godwin und bereue keine Sekunde, ihm und all den anderen Helfern so viel Vertrauen geschenkt zu haben.

Wir ziehen um oder: Endlich raus aus diesem Stall

Fast noch wichtiger als die schier endlosen Gespräche über Kosten und Bauen in Nigeria ist der Umzug der Kinder in eine angemessene Wohnung. Und damit meine ich: Tageslicht und Sanitäranlagen, die nicht jedem Benutzer Pest, Cholera und Diarrhoe einhandeln. Mit den bereits gesammelten 700 Euro sollte es kein Problem sein, die Jahresmiete für eine Vierzimmerwohnung zu bezahlen. Und was mir besonders gefällt: Godwin und Mary wollen gemeinsam mit den Kindern einziehen – wie eine kleine Familie. Jetzt müssen wir nur noch eine passende Wohnung finden.

Nachdem der Makler uns zuerst eine zu kleine und bereits vergebene Wohnung zeigt – die Logik soll mir mal einer erklären – und als Zweites einen Rohbau präsentiert, landet er bereits bei der dritten Besichtigung einen Volltreffer. Eine großzügige Vierzimmerwohnung, frisch renoviert und gar nicht weit von Mummys Haus entfernt. Der einzige Haken: Sie ist rund 100 Euro teurer, als das von mir gesammelte Geld. Doch die Vermieterin ist gut gelaunt und uns wohlgesonnen und verabredet mit uns, dass wir die Jahresmiete in zwei Raten bezahlen dürfen. Wir schlagen sofort zu.

Das Beste daran: Die Kids sind völlig aus dem Häuschen – und mit völlig meine ich, sie singen, tanzen, jauchzen und springen. Als sie merken, dass aus den

Wasserhähnen tatsächlich Wasser kommt, ist ihre Freude nicht mehr zu bremsen und sie kriegen sich erst wieder ein, als Mary sie mehrmals um Ruhe bittet. Fleißig säubern sie die nächsten Tage die neue Wohnung. Ich mache mich an das Sortieren der Kinderklamotten, die in einigen Müllsäcken lagern und hauptsächlich Spenden von Kirchen und anderen Organisationen sind. Am liebsten würde ich hierzu eine Waschmaschine kaufen, die stärkste Chemiekeule reinschütten, vielleicht eines der Shampoos aus Godwins Youth Friendly Center, und den Rest der Maschine überlassen. Aber das gibt es hier nicht – zumindest nicht für die einfachen Leute. Geplagt von meiner Milbenallergie ziehe ich jedes Klamottenteil einzeln aus den Tüten und frage die Kinder, ob sie das auch wirklich noch benötigen. Ja, sie brauchen es noch. Alles! Welch unsinnige Übung mit Kindern. Aber zumindest haben wir etwas Ordnung reinbringen können, die Teile ordentlich zusammengefaltet oder zum Waschen und Nähen beiseitegelegt.

Umzugstag. Einige Tage nach Godwins und Marys Hochzeit mache ich mich nach dem Frühstück gemütlich auf den Weg ins Waisenhaus. Chaos! Tüten über Tüten, alte Matratzen, Kochutensilien, Reissäcke und ein Haufen Kinder – alles muss mit in die neue Wohnung. Godwin sucht relativ schnell das Weite, um den Umzugswagen zu holen, und ich übernehme das Zepter. Naja gut, zumindest schreie ich rum und gebe Anweisungen, die dann keiner befolgt. Nach einer Stunde haben wir dann trotzdem den ganzen Kram vor dem Haus aufgestapelt und warten auf den Transporter. Und dann geht alles ganz schnell: In weniger als drei Stunden haben wir alles ins neue Heim transportiert, einigermaßen eingeräumt und verstaut. Zu meiner Entzückung stehen auch die neuen Hochbetten schon bereit und die ganze Wohnung sieht wunderbar heimelig aus. Natürlich muss ich weinen. Einerseits vermutlich, weil die Malariaprophylaxe depressive Stimmungen als Nebenwirkung hat, aber vor allem, weil ich von diesem Moment des Glücks komplett überwältigt bin. Ich bin einfach nur selig und ich könnte mit keinem schöneren Gefühl wieder nach Hause fliegen.

Voll bepackt ins neue Heim

Lagos: Klappe, die dritte!

Wir kaufen oder: Mein Arsch geht mir auf Grundeis

Diesmal bin ich nicht alleine. Im August 2012 fliege ich mit David im Schlepptau nach Lagos. Er ist ein junger angehender Architekt aus Nürnberg, der sich völlig unkompliziert dazu bereit erklärt hat, unser Projekt zu planen und anschließend vor Ort zu betreuen. Yes! Noch dazu ist David spontan dabei, ungeachtet der andauernden Reisewarnungen des Auswärtigen Amtes, in vier Wochen in einen Flieger nach Nigeria zu steigen, um mit mir die letzten Vorbereitungen zu treffen und um ein passendes Grundstück zu finden und zu kaufen. Oh je, was für ein riesiger Schritt!

Wie immer zu spät, aber umso herzlicher werden wir von Godwin am Flughafen in Lagos empfangen. Er freut sich ungemein über ein neues Gesicht und kann es gar nicht erwarten, mit der Grundstückssuche loszulegen. Auch die Kinder sind völlig aus dem Häuschen, als wir müde und zerknittert in der Mietswohnung ankommen. David und ich beziehen das Schlafzimmer der Jungs, das zusätzlich zu den Kinderhochbetten mit einem überdimensionalen Ehebett ausgestattet ist. Das umhüllende Moskitonetz zeigt uns, dass das Ehebett für David und mich vorgesehen ist. Und ich bin verwundert, dass Godwin uns erlaubt, überhaupt in einem gemeinsamen Zimmer, noch dazu in einem gemeinsamen Bett zu schlafen. Schmunzelnd erkenne ich

Godwins kulturelle Öffnung an und freue mich darüber, dass wir uns einen Schritt nähergekommen sind.

Während ich in den ersten beiden Jahren noch tough und manchmal vielleicht sogar streng mit Godwin war – nicht umsonst sagt er einmal zu mir: „You are not like a woman, you are like a man“ –, wird es immer mehr eine Zusammenarbeit auf Augenhöhe. Wir gehen beide aufeinander zu und ich schätze seine Art, die Dinge zu handhaben, auch wenn sie nicht immer meinem Ordnungsdrang entspricht. Seine unerschütterliche Leidenschaft fürs Diskutieren ist zwar manchmal anstrengend, aber Godwin brennt eben für seine Themen und ist unermüdlich in seinem Streben, die Welt jeden Tag ein bisschen besser zu machen.

Ich lerne auch die vier Neuzugänge der FHOH-Familie kennen: Chioma mit sechzehn Jahren, Esther mit sechs Jahren, Emmanuel mit fünf Jahren sowie Godwins erste Tochter Nadoo, die erst wenige Wochen alt ist.

Godwins Toleranzbereitschaft zeigt sich auch am nächsten Tag, als er bemerkt, dass David Raucher ist. Wie auch Alkohol ist Rauchen ein großes Tabu und ich habe in all den Jahren wirklich sehr selten jemanden auf offener Straße rauchen sehen. Nachdem ihm nur für einen kurzen Moment das Gesicht entgleist, toleriert und akzeptiert Godwin auch dieses „Mitbringsel“ aus der westlichen Welt. Vielleicht auch deshalb, weil David ohnehin mit dem Rauchen aufhören und nur noch diese eine letzte Schachtel rauchen will. Naja, wie es mit guten Vorsätzen so ist, sollen nur wenige Stunden ohne Zigaretten verstreichen, bis sein

Körper nach Nachschub verlangt. Godwin und Mary haben keine Ahnung, wo man Zigaretten kaufen kann, und schicken David zusammen mit Praise auf die Suche. Dieser ist in seiner pubertären Coolness ganz begeistert und nimmt David selbstbewusst mit auf den Weg. Obwohl Praise ein überaus cleveres Kerlchen ist, hat er sich diesmal wohl etwas überschätzt. Die beiden enden nach einer längeren Suche in einem verrauchten Kabuff mit drei angsteinflößenden Männern, die Praise klar zu verstehen geben, dass das Bleichgesicht sein Portemonnaie zücken soll, wenn sie dieses Zimmer lebend wieder verlassen wollen. David, der von dem Gespräch natürlich nichts verstanden hat, zahlt bereitwillig ein paar Scheinchen und ist mehr als verblüfft, als sie das Zimmer zwar heil, aber ohne Zigaretten wieder verlassen.

Nach wenigen Tagen Eingewöhnungszeit – vor allem für David, ich kenne den Wahnsinn ja mittlerweile ganz gut – starten wir zusammen mit dem Architekten Bako unsere Besichtigungen. Die ersten Grundstücke begutachten wir mit einigen anderen Interessenten in einem Minibus, der vom Makler höchstpersönlich gefahren wird. Die ganze Fahrt, sie dauert nicht zu kurz, preist er seine hochwertigen Grundstücke an, die alle in einem „Estate“, also in einem geschlossenen Wohnkomplex liegen und somit maximalen Luxus und Sicherheit garantieren. Er stoppt den Bus mitten im Nichts. Wobei man im Nichts auch nicht sagen kann, denn wir sind umringt von tiefstem Urwald: meterhohes Gestrüpp, dicht stehende Palmen und andere eindrucksvolle Bäume. Die „Straße“, die uns hierhergeführt hat, ist im besten Falle ein Trampelpfad und die Lage glänzt durch die Abwesenheit sämtlicher Anschlüsse an Strom-, Wasser- oder Kanalisationsnetze. Auch wenn der Makler sich alle Mühe gibt, uns ein wunderbares Bild zu malen, bei dem es um Schulen und Einkaufsmöglichkeiten geht, meine Vorstellungskraft reicht hier definitiv nicht aus. Zu meiner Belustigung brechen just in diesem Moment drei spärlich bekleidete Frauen mit Wasserkrügen auf dem Kopf durch das Dickicht, was die Ausführungen des Maklers von Luxus und Fortschritt nicht gerade unterstreicht. Nichtsdestotrotz haben die Grundstücke satte Preise von bis zu 700.000 Naira, 2012 etwa 3.500 Euro, und er macht keinen Hehl daraus, dass das Estate erst dann gebaut wird, wenn alle Einheiten im Voraus verkauft sind. Traut man sich dennoch in diese Einöde zu investieren und das Estate wird wider Erwarten doch nicht gebaut, bekommt man natürlich – bis auf kleinere Abzüge – seinen Kaufpreis zurückerstattet. Service muss sein! Ich bin mir sicher, dass er spätestens jetzt auch noch den letzten Interessenten abgeschreckt hat. Ein Satz mit x, das war wohl nix.

Unsere nächste Besichtigung steht erst wieder in drei Tagen an und so freut sich Godwin, dass wir ihn in der Zwischenzeit auf einige „Programs“, bei Godwin ist jedes noch so einfache Zusammentreffen ein „Program“, begleiten können. Eher widerwillig stimme ich zu, denn ich kenne diese oft sinnfreien Zusammenkünfte nur zu gut. Oft geht es einfach nur darum, einer Person wieder mal einen Besuch abzustatten und eine warme Mahlzeit und eine Coke abzustauben. Der Preis dafür ist meistens stundenlanges Feststecken in den verstopften Straßen von Lagos. Ich will es David also soweit es geht ersparen, aber ich weiß auch, dass es für Godwin und den hiesigen Verein sehr wichtig ist, dass ich ab und an mein Gesicht zeige. Wir stimmen also zu, ihn auf ein Meeting der AIDS Control Agency zu begleiten und verabreden uns für morgen 6.30 Uhr.

Kurz nach 6 Uhr am nächsten Tag klopft es an unsere Zimmertür, David und ich werden aus dem Tiefschlaf gerissen. In keiner Sekunde haben wir damit gerechnet, dass wir tatsächlich pünktlich losfahren. Es ist schließlich Godwin. Erneut klopft es an unserer Tür und ich höre Godwin mit seiner hohen Stimme:

„Christina?"

Ich, grummelig: „Yes?!"

„Can we go?"

Ich, etwas lauter: „No, we want to sleep!"

„You said what?"

Ich, noch lauter: „We want to sleep!"

„You want to see?"

Jetzt sehr laut: „SLEEP!"

„You said what?"

Ich bekomme einen Lachanfall und bin folglich glockenwach. Ich vermute immer mehr, dass nicht nur seine Stimme, sondern auch sein Gehör beeinträchtigt sind, was auch in Zukunft immer wieder zu lustigen Missverständnissen führen wird. Widerwillig torkeln wir also ins Badezimmer, inhalieren eine Tasse Instantkaffee und folgen Godwin in den Verkehr von Lagos, der bereits in vollem Gange ist. Überraschenderweise ist der ganze Tag recht produktiv: Wir erkundigen uns nach einer Krankenversicherung für die Kinder, besuchen das Meeting der AIDS

Control Agency, treffen einen jungen Mann, mit dem wir die Aufnahme zweier Kinder ins FHOH besprechen, und David entdeckt *Meat Balls* für sich und verschlingt an diesem Tag gleich ganze vier Stück. Alles in allem also keine komplette Zeitverschwendung.

Bereits am übernächsten Tag geht es auf zum nächsten Besichtigungstermin, Bako steht pünktlich um kurz vor 5 Uhr – definitiv nicht meine Zeit – vor unserer Haustür und drängt zur Abfahrt. In seinem auberginefarbenen Opel rasen, vielmehr fliegen wir über Stock und Stein, während der Unterboden alle hundert Meter zärtlich den harten Lehmboden küsst. Trotzdem sind David und ich von den Schlaglöchern und Bakos Fahrstil nur milde beeindruckt und schaffen es, noch zwei Stunden zu dösen. Als der Wagen irgendwann zum Stehen kommt, wache ich abrupt und erstaunt auf. Ich stelle mit Entsetzen fest, dass wir wieder mitten im Busch sind. Ich will schon wieder in den Meckermodus verfallen, kann aber mein Mundwerk gerade noch stoppen, um zu hören, wie uns Bako stolz SEIN eigenes Grundstück vorstellt, felsenfest davon überzeugt, dass sich diese Gegend rasend schnell entwickeln wird. Gut, wenn er meint.

Mein Mundwerk bekommt allerdings eine zweite Chance, als Bako uns wenige Kilometer weiter ein noch unverkauftes, aber ebenso entlegenes Grundstück präsentiert. Und das für schlappe 800.000 Naira, aktuell rund 4.000 Euro. Ich frage mich nicht allzu leise, ob er neben Pünktlichkeit noch andere Qualitäten hat, denn Kundenorientierung scheint nicht dazuzugehören.

Aber wie so oft in diesem wunderbar verrückten Land wendet sich alles zum Guten. Bei der Grundstücksbesichtigung treffen wir nämlich auf einen guten Bekannten von Bako, der unsere Not erkennt, von einem wunderbaren, zum Verkauf stehenden Grundstück berichtet und sogar auf die Schnelle einen Besichtigungstermin organisieren kann. Natürlich bin ich erstmal skeptisch. Andererseits, was kann es schaden, noch ein weiteres abgelegenes Buschland zu besichtigen – jetzt, wo wir schon mal hier sind?!

Und es schadet überhaupt nicht! Kaum angekommen ist klar: DAS IST ES! Ein leicht abfallendes, aber nicht zu stark bewachsenes Grundstück inmitten einer kleinen, ruhigen und noch grünen Siedlung, die in den letzten Jahren bereits durch Straßen, Schulen und Einkaufsmöglichkeiten erschlossen wurde. Ein weiterer Pluspunkt: Die Siedlung liegt nur fünfzehn Minuten hinter der Grenze zu Lagos State in Ogun State in der kleinen Ortschaft namens Ogijo. Somit entkommen wir der Hektik und dem Moloch der Großstadt, sind aber nahe genug dran, um deren Annehmlichkeiten wie den Flughafen weiterhin zu nutzen. Inklusive des Kaufpreises von 500.000 Naira und den herzlichen Nachbarn, von denen einige schnell auf der Matte stehen, bin ich also rundum begeistert und es braucht keine Worte, um Godwins Einverständnis zu erfahren. Wir besiegeln das Geschäft mit Handschlag, und auch wenn mir mein Arsch ob der Investition ordentlich auf Grundeis geht, spüre ich, dass es das Richtige ist. Bäm!

Das ist es – unser Grundstück!

Nigerianische Kinder oder: Eine skurrile Baby-Feier

Ich liebe Kinder, das war schon immer so. Schon mit zwölf Jahren habe ich den Sohn unserer Nachbarn babygesittet und besserte mir danach jahrelang das Taschengeld durch Kinderbetreuung auf. Aber auch sonst sind Kinder und ich wie zwei Magneten, die sich gegenseitig anziehen. Als ich zum ersten Mal Mama geworden bin, hat es eine Freundin auf den Punkt gebracht: „Für dich ist es ja keine Umstellung, du bist ja schon gefühlt seit dreißig Jahren Mama." Und genauso habe ich es auch empfunden. Kein Wunder also, dass ich mich sofort in die FHOH-Kinder verliebt habe und mit jedem von ihnen eine persönliche Bindung aufbauen konnte.

Ich bewundere in vielen Aspekten, wie nigerianische Eltern ihre Kinder großziehen, und wünschte, ich könnte ein bisschen mehr davon in meiner eigenen Erziehung unterkriegen. Bislang überwiegen aber reflexartige Ermahnungen wie „Achtung" oder „Aber langsam!" oder „Schön vorsichtig sein". Nigerianische Muttis hingegen sind einfach relaxt: Statt mühsam frischen Brei zu kochen, essen die Babys einfach das, was bei allen anderen auch auf den Tisch kommt, auch wenn es zum Heulen scharfer Reis ist. Beim Baden werden die Kinder geschrubbt, als gäbe es kein Morgen mehr, und die kleinen Bäuchlein vorsichtig gedrückt, angeblich damit sie leichter zur Toilette gehen können. Für Windeln hat man meistens kein Geld, was dafür sorgt, dass die Kinder extrem schnell sauber werden, aber man den Teppich hinterher wegwerfen kann. Um sie kümmert sich, wer gerade da ist, und auch sonst werden die Kinder zur schnellen Selbstständigkeit erzogen, auch, weil sie sich oft bereits als Kleinkinder um ihre neugeborenen Geschwister kümmern müssen. Im Haushalt mitzuhelfen, ist schon in frühen Jahren Pflicht und eine Selbstverständlichkeit. Ich habe nicht einmal erlebt, dass sich auch nur ein Kind beschwert hätte. Natürlich kann man diese Dinge so und so betrachten oder beurteilen, aber als Resultat hat man selbstständige und respektvolle Kinder, die Verantwortung übernehmen, Situationen gut einschätzen können und absolut verlässlich sind. Selbstverständlich gibt es auch Ausnahmen von der Regel. Gerade die Kombination aus Emmanuel und Mson bringt manchmal nichts Gutes hervor und die zwei haben oft nur Blödsinn im Kopf.

Ich sitze mit David gemütlich auf der Couch und wir gönnen uns die gefühlt fünfte Tasse Kaffee an diesem Tag. Völlig aufgewühlt rauscht Mary ins Wohnzimmer. Sie musste gerade Mson und Emmanuel aus der Schule abholen, weil diese zwei Spezialisten dort auf einen Baum geklettert sind und rote Beeren genascht haben, die offensichtlich nicht dazu gedacht sind. Zu allem Überfluss ist Mson auch noch vom Baum gefallen, weswegen er jetzt zusätzlich zum Bauchweh auch noch arge Schmerzen im Handgelenk hat. Zwar scheint nichts gebrochen, aber zur Sicherheit fahren wir doch lieber zu einem Arzt. Nach einer langen Wartezeit (die Bauchschmerzen sind mittlerweile von alleine verschwunden) und der Zahlung einer beträchtlichen Stange Geld bekommt Mson einen Gips, den – entschuldigen Sie, werter Herr Doktor – ich fünfmal besser hinbekommen hätte. Dennoch tut der Gips seine Wirkung, denn Mson bekommt in den nächsten Tagen eine Portion Extra-Aufmerksamkeit und fühlt sich damit gleich viel besser.

Was mich auch immer wieder begeistert, ist der Wissensdurst der Kinder. Gerade an dunklen Abenden bei Kerzenschein lieben sie es, mir pausenlos vorzulesen oder mir Löcher in den Bauch zu fragen. Fragen, die so nur Kindern einfallen können und auf die ich oftmals auch keine Antwort weiß – oder wisst ihr, wie ein Flugzeug gewaschen wird oder warum es in der Luft überhaupt schmutzig geworden ist?! Auch das allgemeine Vorurteil, dass afrikanische Schulen per se schlechter sind als westliche kann ich nicht bestätigen. Probleme sind vielmehr die vorzeitige Beendigung der Schulzeit, enorme Klassengrößen oder schlechte Lehrer, wobei es Letzteres sicherlich überall gibt. Zwar ist die Ausstattung der Schulen in die Jahre gekommen und Klassenzimmer sind oft nur durch dünne Trennwände abgegrenzt, aber die Lerninhalte sind den unseren sehr ähnlich. Was mir besonders gefällt, ist, dass viel im Chor gesprochen wird, richtige Antworten beklatscht werden und dass umfangreiche Inhalte, wie Hauptstädte oder das Periodensystem, in Lieder gepackt werden und somit lange im Kopf bleiben. Klar gibt es auch Kinder, die lieber Blümchen in ihr Heft malen – Grüße an Ibukun – oder

Zettelchen hin und her schreiben, aber in der Summe hat Schule dort einen viel höheren Stellenwert.

Auch wenn nigerianische Eltern ihre Kinder an der langen Leine lassen, werden sie liebevoll umsorgt und jeder Meilenstein wird groß gefeiert. Schon allein im ersten Lebensjahr feiert man neben der Geburt und dem ersten Geburtstag auch den achten Lebenstag – den Tag der Namensgebung – und nach drei Monaten das erste Vierteljahr. Zusammen mit David bin ich auf einer dieser Drei-Monats-Feiern für Marys Nichte oder Neffe eingeladen. Ich weiß das nicht genau, weil ich das Baby nie zu Gesicht bekommen habe – darum geht es ja schließlich bei diesen Feiern auch nicht. Es geht darum, dass man als Familie zeigt, was man hat, und daher scheuen Marys Eltern keine Kosten und Mühen, um ein ordentliches Straßenfest für ihr Enkelkind auf die Beine zu stellen. Leider ist die Gegend weitaus weniger einladend und, gelinde gesagt, ziemlich am Arsch. Es stinkt fürchterlich, es sind meterlange Matschpfützen auf dem Boden und der Müll häuft sich auf den Straßenseiten. Es kommt dem nahe, was man gemeinhin als Slum bezeichnet.

David und ich werden als Ehrengäste auf ein paar weißen Plastikstühlen unter einem Zelt direkt in der Mitte der Gesellschaft platziert und bekommen Fried Rice und eine Flasche nigerianischen Wein kredenzt, den wir leider nicht verschmähen. Zu unserer Verteidigung: Damals sind wir ja beide noch Studenten und wissen nicht, was guter Wein ist. Da tut es auch der Sangria aus dem Tetra-Pack. Ich bin dennoch sehr überrascht, denn sowohl Mary als auch ihre

Eltern sind streng christlich und da ist Alkohol normalerweise nicht erlaubt.

Uns gegenüber sitzt eine sehr dicke Tante, die sich permanent Nüsse und andere Snacks in den Mund schiebt. Da sie sich nicht die Mühe macht, ihren Mund beim Kauen zu verschließen, sehen David und ich angeekelt weg. Der Moderator oder Entertainer der Party will uns ständig in sein Programm aufnehmen und erzählt immer wieder lauthals, dass wir ein Ehepaar aus Amerika wären – und das auf offener Straße, in einer Gegend wie dieser. Wir beschließen, es nicht zu dementieren, und hoffen, dass er uns folglich in Ruhe lässt und wir keine weitere Aufmerksamkeit auf uns ziehen. Alles in allem ist die Situation sehr skurril. Am skurrilsten jedoch ist Marys Vater, der sichtlich betrunken oder zugedröhnt, ausgemergelt und mit blutunterlaufenen Augen immer näher an mich heranrückt und mir allerlei merkwürdige Geschichten erzählt. Erst nach einer Weile verstehe ich, dass er Geld will. Ich versuche, ihm so freundlich wie möglich verständlich zu machen, dass ich nur eine arme Studentin bin und dass all das Geld für die FHOH-Kids von deutschen Spendern stammt. Aber er lässt erst von mir ab, als Mary hinzukommt und uns zum Gehen auffordert. Ich bin heilfroh.

Kein guter Ort für ein Straßenfest

Von Sirenen und Meerjungfrauen oder: Ein ganz besonderer Ausflug zum Strand

Die letzten Tage meiner dritten Reise nach Nigeria brechen an und wir haben noch etwas ganz Besonderes mit den Kindern geplant. Wir wollen zum Strand. Zwar dauert es gefühlte zwei Wochen, bis sich die uns bekannten Nigerianer nach einem sicheren und gut erreichbaren Badeort erkundigt haben – keiner von ihnen war jemals selbst zum Spaß am Meer – aber wir finden dann doch noch einen geeigneten Strand: *Badagri Beach.* Mr Dabb, ein Freund Godwins, hat sich bereiterklärt, uns in seinem roten Kleinbus zu fahren, und so quetschen wir uns zu vierzehnt auf sieben Sitze, denn neben David und mir, Mary und allen Kindern, nimmt Mr Dabb auch noch seine zwei eigenen Kinder im Teenageralter mit. Godwin selbst hat leider keine Zeit uns zu begleiten.

Vor einigen Tagen waren die Kids noch skeptisch und sogar angstvoll. Auch jetzt sind sie immer noch aufgeregt. Sie schubsen Praise, den Ältesten im FHOH, in meine Richtung, damit er mir diesen Unsinn mit dem Strand wieder ausredet. Stammelnd teilt er mir mit, dass sie doch lieber nicht ans Meer fahren wollen, da sie zu viel Angst vor den Sirenen hätten. Er ist fest davon überzeugt, dass die Meerjungfrauen uns packen, sobald wir das Wasser berühren, uns unter Wasser ziehen und wir alle ertrinken werden.

Ich versichere ihm mehrfach und mit guten faktenbasierten Argumenten, dass es dergleichen nicht gibt und dass ihnen keine Gefahr droht. Aber zwecklos. Erst als ich ihm sage, dass wir nur hinfahren, aber niemand ins Wasser muss, ist er beruhigt und stimmt dem Ausflug zu.

Einmal am Strand angekommen, dauert es keine zwei Minuten, bis alle, wirklich alle Kinder im Wasser sind. Das ist mit Abstand der schönste Tag, den ich je in Nigeria erleben durfte. Die Kinder haben in den Wellen so viel Spaß, quietschen vergnügt, schubsen sich gegenseitig ins Wasser, probieren aus, zu schwimmen und zu tauchen, und spielen den ganzen Tag ohne Pause im Sand. Angesichts der vielen Nichtschwimmer und der stürmischen See war der Ausflug im Nachhinein vielleicht nicht meine beste Idee, aber mit dreiundzwanzig ist man eben jung und naiv. Als wir abfahren wollen, will keiner gehen und die Kinder handeln gleich dreimal eine Verlängerung aus. Mit einer Badetasche voller unvergesslicher Erinnerungen schlafen alle Kinder auf der Heimfahrt ins FHOH erschöpft ein. Einzige Schattenseite dieses tollen Tages: David und ich haben die Kraft der Sonne durch den stark bewölkten Himmel absolut unterschätzt und auf Sonnencreme verzichtet. Großer Fehler! Wir beide handeln uns den Sonnenbrand des Jahrhunderts ein und stöhnen die kommenden Tage schmerzhaft auf, wenn wir uns irgendwo hinsetzen oder hinlegen müssen. Trotzdem war es das wert!

Zum ersten Mal am Meer

Unsere verbleibende gemeinsame Zeit in Lagos vergeht wie im Flug und David und ich blicken dankbar auf zwei fantastische und erfolgreiche Wochen zurück. Die Kinder, insbesondere Esther, lieben David und er wird zum Helden erklärt, als er ihnen eine Furz-App auf seinem iPhone zeigt. Seine Taschen sind jetzt voller Souvenirs: ein traditionelles Kostüm, Yam, Plantainchips, nigerianischer Schmuck und Zettel mit lieben Worten der FHOH-Familie. Von Verspätungen und unsinnigen Treffen ist er ähnlich genervt wie ich, aber immerhin sind wir diesmal zu zweit und können uns jederzeit zurückziehen und uns bei einer Tasse Instantkaffee über die Nigerianer auslassen. Dass wir nach nur drei Besichtigungen ein passendes Grundstück gefunden haben, erfüllt uns die restlichen Tage mit einer ordentlichen Portion Endorphinen. Ich mache mir überhaupt keine Sorgen, dass mich David nächstes Jahr beim Hausbau vor Ort nicht unterstützen würde, und bin dankbar, dass uns das Schicksal zusammengeführt hat. Kaum haben wir uns versehen, sind wir auch schon wieder auf dem Weg zum Flughafen.

In der Stadt herrscht heute Chaos. An jeder Tankstelle stehen Autos, Lastwägen und Motorräder meterweit in die Straßen hinein und verstopfen den Verkehr. Der Grund: Eine große Ölpipeline hatte am gestrigen Tag ein Loch, was dazu geführt hat, dass massenweise Menschen mit leeren Eimern und Kanistern das auslaufende Öl abfangen wollten. Folglich hat die Ölgesellschaft den Hahn komplett zugedreht. Bis es repariert ist, kommt also kein neues Öl in die Stadt – und das oft tagelang. Tragik und Komik liegen oft so nah beieinander, denn bei 15 Millionen Menschen endet ein solches Ereignis innerhalb weniger Stunden in einer totalen Katastrophe. Nicht nur dadurch, dass die Leute nicht mehr von A nach B kommen, weil öffentliche Verkehrsmittel oder auch Taxis komplett ausfallen oder unbezahlbar werden. Sondern auch, weil die Nigerianer beginnen, sich auf offener Straße zu streiten und zu prügeln.

Nach allem, was ich bisher in Lagos erleben durfte, vermutet ihr jetzt bestimmt, dass sich auch unser Tank an diesem Tag leert. Aber die Stadt will wohl sichergehen, dass wir wieder kommen, und verschont uns diesmal. Sie lässt uns pünktlich und sicher am Flughafen ankommen und wir verabschieden uns in dem Wissen, das nächste Mal, wenn wir diesen Flughafen betreten, ein Haus in Nigeria zu bauen. Wie verrückt ist das eigentlich?

Lagos: Klappe, die vierte!

Wir starten oder: Ein Rucksack voller Geld

Es ist der 9. Januar 2014 und es ist endlich so weit. Mit knapp einem Jahr Verspätung, weil es einfach eine Weile gedauert hat, um rund 40.000 Euro zu sammeln[14], bin ich nun zum vierten Mal auf dem Weg nach Lagos. Im Gepäck habe ich wieder David, unseren Architekten, sowie Lukas und Lea, zwei Volunteers, die uns vor Ort unterstützen wollen. Eine weitere Studentin namens Franzi ist bereits vor Ort. Schon seit Wochen bin ich nervös ohne Ende. Nicht nur weil mir mein bislang längster Aufenthalt in diesem bunten, lauten und lebensfrohen Nigeria bevorsteht, sondern weil mich die Verantwortung für den anstehenden Bau schier erdrückt. Während ich noch auf dem Flug alle freiwilligen Helfer mit Organisationskram zutexte, ist meine Angst wie weggeblasen, als ich Godwin, Ife und Praise vor den Flughafentüren entdecke. Das Wiedersehen nach fast eineinhalb Jahren beflügelt mich regelrecht und ich spüre, wie mich die Verbundenheit mit diesen Menschen wie ein festes Tuch der Sicherheit umwickelt. Auch

---

14 Wie ich das gemacht habe? Mit ganz viel Zeit! Die letzten zwei Jahre waren geprägt von zahlreichen kleineren Spendenaktionen zum Beispiel auf Weihnachtsmärkten, in der Nürnberger Altstadt oder auf dem Ingolstädter Afrikafestival, dem Verkauf von Plakaten, zwei erfolgreichen Anfragen bei Stiftungen und unzähligen Vorträgen in Kirchen und Schulen oder bei Bekannten, Freunden und Familie. Mehr dazu in den Danksagungen.

die neuen Gesichter, die ich mitbringe, werden mit einer großen Warmherzigkeit empfangen. Als sich alle die Tränen aus den Augen gewischt haben, brechen wir mit einem geborgten SUV Richtung Waisenhaus auf.

Unsere FHOH-Wohnung, die wir jetzt schon im dritten Jahr mieten, wird immer gemütlicher und ist ein richtiges Zuhause für Godwin, Mary und deren Tochter Nadoo sowie für mittlerweile sieben Waisenkinder. Ich freue mich besonders über die süße Elisabeth, die erst seit Kurzem Teil des FHOH ist. Ein wunderschönes Mädchen von sechs Jahren, die in ein bonbonfarbiges Kleid gehüllt ist und uns Deutsche bei unserer Ankunft andauernd nur angrinst, weil sie noch kein Wort Englisch versteht.

Wie schon 2012 beziehen wir Deutschen das Jungenschlafzimmer, aber diesmal entscheiden David und ich uns für die Einzelschlafplätze in den Hochbetten und überlassen Lea und Lukas das Ehebett in der Mitte des Raumes. Franzi, die schon seit einigen Wochen hier ist, schläft über mir.

Gleich am nächsten Tag kommt mein spezieller Freund, unser Bauherr und Architekt Bako, vorbei, um die nächsten Schritte mit uns zu besprechen. Stolz präsentieren wir unserem Bauherren das Modell, das David in den letzten Monaten ausgearbeitet hat. Das Haus soll aus drei Gebäudekomplexen bestehen, wobei der hinterste Teil für die Privatsphäre der Kinder und von Godwin und seiner kleinen Familie reserviert ist. In der Mitte sollen eine großzügige Küche sowie ein Speisesaal entstehen, wo endlich alle gleichzeitig am Tisch sitzen und essen können. Im vordersten Trakt ist dann noch Platz für ein Büro, ein Gästezimmer und ein großes Wohnzimmer. Neben der kindgerechten Gestaltung legt David besonderen Wert auf eine ökologische Bauweise, und so ist eine spezielle Dachkonstruktion geplant, die den natürlichen Temperaturaustausch fördern und Ventilatoren unnötig machen soll.

Bako zeigt sich beeindruckt, und trotzdem kann ich diesen zwar pünktlichen, aber arroganten Fatzke nicht leiden. Und immer diese nervige Phrase am Ende seiner Sätze: „Are you getting my point?" Ich ahne Schreckliches.

Meine größte Sorge ist, dass es noch ewig dauert, bis wir starten können, und zu viel wertvolle Zeit verstreicht. Immerhin geht mein Rückflug in neun Wochen und Davids bereits in fünf. Aber wie ich im Gespräch mit Bako merke, hat Bauen in Nigeria endlich auch mal einen Vorteil: Hast du heute Geld, kannst du auch heute schon starten.

Also geht es schon am nächsten Tag los. Zusammen mit Ife, Godwin, David, Franzi und Bako machen wir uns auf den Weg nach Ogijo. Unser erster Stopp ist auf halber Strecke, weil wir noch bei einem Mann namens Ndubisi vorbeischauen. Über ein paar Ecken habe ich Kontakt zu dem in Deutschland lebenden Nigerianer Tony aufbauen können, der uns „anytime" Platz in einem seiner Container verspricht, um Gegenstände nach Lagos zu verschiffen. Tony leitet ein Logistikunternehmen und Ndubisi sitzt quasi am anderen Ende des Exports und hat einige Sachspenden, darunter Betten, Matratzen und Spielsachen, für uns entgegengenommen. Die Elektronik für den Neubau, die wir ebenfalls von einer deutschen Firma gespendet bekommen haben, kommt allerdings erst mit dem nächsten

Container in vier bis acht Wochen. Soweit läuft alles nach Plan!

Vollbeladen passieren wir die Grenze zwischen Lagos und Ogun State und ich erblicke ein riesiges Schild mit den Worten: „This is Lagos!“, nicht: „Willkommen in Lagos!“, sondern: „Das ist Lagos!“. Das sagt schon alles, finde ich und freue mich schon jetzt, dass wir nach diesem Aufenthalt die Megastadt hinter uns lassen können. Die Fahrt dauert ewig, und da wir nicht jeden Tag fünfzig Kilometer fahren wollen, also vier Stunden hin und vier Stunden zurück, haben wir uns eine kleine Wohnung im Ort gemietet, von der aus wir einen guten Blick auf unser Grundstück haben. Die Wohnung gehört dem netten Nachbarn, der uns auch das Grundstück vermittelt hat und der selbst eine der vier Wohnungen im Gebäude bewohnt. Unsere Wohnung hat drei Zimmer, ein Wohnzimmer und zwei Schlafzimmer sowie eine kleine Küche und zwei Badezimmer. Das Grundstück ist von einer stattlichen Mauer mit Glasscherben auf der oberen Kante umzäunt, sodass wir Bleichgesichter keine bösen Männer fürchten müssen.

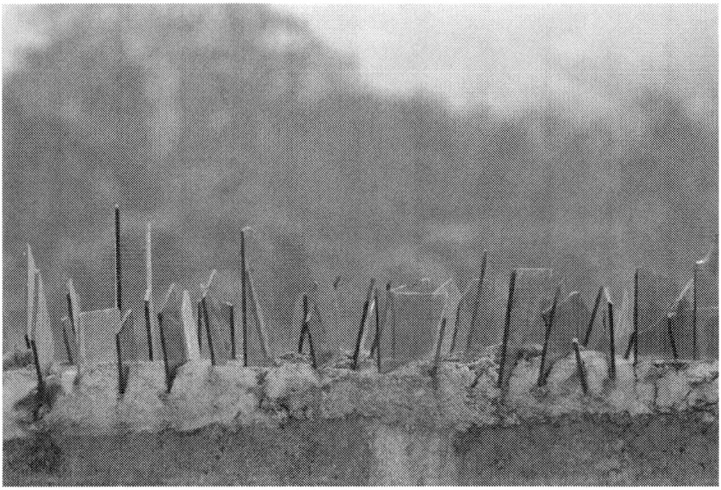

Glasscherben schützen uns vor Einbrechern

Wir begnügen uns mit einer spärlichen Einrichtung, da wir ja ohnehin nur ein paar Wochen bleiben, schlafen auf Matratzen auf dem Boden und kochen auf einem winzigen Gaskocher, der uns manchmal in den Wahnsinn treibt. Dennoch, und ich glaube, ich spreche für alle Volunteers, lieben wir diese Wohnung: Es ist grün, die Luft ist sauber, diese Stille, die nur von Insekten oder Vögeln durchbrochen wird, keine Kirchen, keine Hupen oder streitenden Nigerianer. Und das Beste: Es ist angenehm kühl, weil der Wind durch die Hügellage direkt durch unsere Wohnung pusten kann. Es gibt einen Spruch: „If you can sleep in Lagos, you can sleep everywhere", und auch wenn ich in Lagos trotz Hitze, Lärm und Moskitos schlafen kann, kommt es mir hier vor wie im Paradies.

Außerdem bekommen wir ein bisschen Selbstbestimmung zurück. Während uns in Lagos sämtliche Hausarbeiten verboten sind (etwas, an das ich mich ehrlicherweise recht schnell gewöhnt habe) können wir hier kochen und essen, was wir wollen! Endlich gibt es Salat mit Orangendressing, Avocados und Obst, Süßkartoffelstampf und milden Reis. Ganz zum Leidwesen von Godwin, der meist nach dem Abendessen mit uns hoch zum Nachbarn flüchtet, um sich dort von dessen Frau erneut bekochen zu lassen. Die obligatorische Gastfreundschaft macht's möglich.

Es ist Sonntag und morgen soll es losgehen. Blöd nur, dass ich vergessen habe, Geld abzuheben beziehungsweise die mitgebrachten Dollarscheine umzutauschen. Ups! Da hilft jetzt nur der Schwarzmarkt. Aber auch hier ist es gar nicht so leicht, jemanden zu finden, der uns an einem Sonntag 3.050 US-Dollar in 518.500 Naira umtauscht. Und genau hier merkt man wieder, wie verloren wir Bleichgesichter wären, würden wir dieses Projekt nicht gemeinschaftlich mit Einheimischen durchführen. Bako und Godwin wissen genau, wo man hinfahren muss, schnappen sich den bescheidenen Umschlag mit Dollarnoten und verschwinden für eine Weile. Ich hingegen warte in Bakos Opel und fühle mich so mittel wohl. Nach etwa zwanzig Minuten kommen die beiden mit einem Rucksack voller Geldbündel zurück und Godwin besteht darauf, dass ich sofort alles nachzähle. Da der größte Geldschein nur 1.000 Naira beträgt, dauert es also eine Weile, bis ich die über fünfhundert Scheine durchgezählt habe. Während ich zähle, frage ich mich, welchen Eindruck ein Nigerianer bekommt, der zufällig an unserem Auto vorbeiläuft und durchs Fenster eine Weiße sieht, die stapelweise Geld zählt?! Na gut, zumindest haben wir jetzt unser Startkapital. David und Franzi haben bei meiner Rückkehr bereits die drei Gebäudekomplexe mit Pflöcken und Seilen abgesteckt. Es kann also morgen mit dem Graben begonnen werden.

Schon der erste Tag in Ogijo hat uns vollkommen erschöpft, und da es keinen Strom gibt, fallen wir alle um 21 Uhr in die Betten. Als mitten in der Nacht die Lichter angehen und ich meinem natürlichen Instinkt nachgehe, ins Wohnzimmer laufe und mein Handy aufladen will, sinkt mir das Herz in die Hose: Auf dem Betonfußboden liegen drei schwarze Männer und schlafen tief und fest. Nachdem ich zweimal durchgeatmet habe, erkenne ich einen davon als Bako, die anderen zwei kommen mir jedoch völlig fremd vor. Kurz überlege ich, ob ich Godwin wecken soll, aber hey, ich bin hier in einem gastfreundlichen Land. Da scheint es normal zu sein, dass man ungefragt bei fremden Leuten im Wohnzimmer schläft. Ich krabble also zurück unter mein Moskitonetz und hoffe, dass ich morgen lebend wieder aufwache.

Schaffe, schaffe, Häusle baue oder: Von den Höhen und Tiefen, ein Haus in Nigeria zu bauen

Ab Tag eins in Ogijo verteilen wir die Rollen ganz klassisch: Franzi und ich fahren zum Einkaufen, kochen und putzen – die Feministin in mir findet das nicht so gut, aber wie sich später herausstellen soll, tauge ich für handwerkliche Aktivitäten eher weniger. David und Bako hingegen fahren auf den Markt für Baumaterialien, verhandeln Preise und beladen das Fahrzeug. Ich freue mich wie ein Schnitzel, als David am ersten Tag zurückkommt und tatsächlich weniger ausgegeben hat als kalkuliert. So kann es weitergehen, denn ich befürchte schon jetzt, dass das Geld nicht reicht!

Seit heute unterstützen uns auch die beiden Übernachtungsgäste, die Bauarbeiter Lekki und Samu, die leider kein Wort Englisch sprechen und nur mit Bako kommunizieren können. Ich würde auch gerne helfen, aber man sagt mir, dass diese Arbeit nichts für Frauen ist. Pfft. Ich bin hier die Chefin und entscheide selbst, was ich kann und was nicht. Ich setze mich also durch und mache mich daran, Eisenstangen zu biegen. Eigentlich relativ simpel: Die ein Meter lange Eisenstange wird an einem Ende in einen Schraubstock geklemmt, um dann die oberen zwanzig Zentimeter so zu biegen, dass sie im rechten Winkel, also L-förmig, zu den restlichen achtzig Zentimetern stehen. Leider ist bereits die erste Stange, nachdem ich sie bearbeitet habe, so krumm, dass wir sie nicht mehr verwenden können. Verschämt lächelnd gestehe ich mir ein, dass ich das wirklich nicht kann, und beschränke mich zukünftig darauf, zuzuschauen, zu loben und die Finanzen zu regeln. Und ganz ehrlich, das körperliche Arbeiten bei vierzig Grad ist wirklich nichts für mich. Mitleidig beobachte ich die zwei Bauarbeiter, wie sie mit alten Spaten die Gräben für das Fundament an Davids Markierungen entlang ausheben. Selbst Godwin hilft mit, weil das bei der Hitze und bei diesem harten Lehmboden einfach Knochenarbeit ist. Respekt! Es ist bereits eine Woche vergangen und ich bin eigentlich ganz zufrieden mit unserem Fortschritt: Nach nur wenigen Tagen seit dem ersten Spatenstich ist jetzt bereits das Fundament ausgehoben.

Schweißtreibende Arbeit: Lekki und Samu heben das Fundament aus

Die kommende Woche verbringe ich mit den Kindern in Lagos, auch weil ich Lukas und Lea, die ihren Freiwilligendienst hauptsächlich mit den Kindern oder mit Gemeindearbeit verbringen sollen, nicht so lange allein lassen möchte. Die zwei leiden ein wenig unter der nigerianischen Unorganisiertheit und beklagen sich das ein oder andere Mal über Langeweile bei mir. *Welcome to Nigeria.* Doch Godwin wäre nicht Godwin, wenn er nicht nach einem kleinen Hinweis von mir ein ellenlanges Programm für die zwei zusammengestellt hätte. So sind sie schon ab dem kommenden Tag entweder in einer Schule, um Deutsch zu unterrichten, auf Medical Programs, auf Spendenveranstaltungen oder am Organisieren von Tagesaktivitäten für die FHOH-Kids. Und ich bin fünf lange Vormittage allein in unserer Mietswohnung in Lagos und schlage die Zeit mit Lesen, Rätseln und Warten tot.

Nachmittags, wenn die Kinder aus der Schule kommen, ist es abwechslungsreicher. Zusammen mit den Kindern schreibe ich ihre Wünsche für das neue Haus auf kleine Zettel und verschließe sie fest in einer blechernen Kaffeedose. Nächste Woche soll schon das Fundament gegossen werden und ich möchte diese Dose noch rechtzeitig an der Stelle vergraben, über der der Schlafkomplex der Kinder entstehen wird.

Von den anfänglichen 40.000 Euro sind bereits 8.000 Euro für die Arbeiten am Fundament und für einige Materialien draufgegangen. Jedes Mal, wenn ich daran denke, bekomme ich einen Kloß im Magen. Es wird nicht besser, als mich Mitte der Woche David anruft und mir erklärt, dass es ein Problem mit unserer Hanglage und dem angrenzenden Grundstück gibt. Obwohl dieses meiner Meinung nach nicht bebaubar ist, weil es von einem riesigen Erdriss durchzogen und mit einem richtigen Urwald bewachsen ist, müssen wir angeblich dafür sorgen, dass kein Regenwasser von unserem Grundstück auf das angrenzende fließt. Bako rät uns also dazu, unser komplettes Grundstück zu ebnen, um ebendies zu verhindern – ein kostspieliges Unterfangen von mindestens 500.000 Naira. David ist wahnsinnig genervt von unserem Bauherren, der amateurhaft die Baustelle überwacht, sich weigert, seine Kosten für die Arbeiter offenzulegen, und ständig nur Probleme sieht, deren Behebung dann immer sehr teuer wird. Außerdem isst und schläft er nonstop bei uns in der Wohnung und bedient sich großzügig an unseren Vorräten und sogar am Shampoo. Da ich auf die Schnelle auch keine Lösung weiß, vertröste ich David auf später, wenn ich mit Godwin gesprochen habe. Ein Lichtblick ist, dass heute ein Interview mit mir in den Nürnberger Nachrichten erscheint – vielleicht schlägt es ja Wellen und es finden sich noch ein paar gutherzige Menschen, die uns unterstützen können. Fingers crossed!

Ich bin froh, dass ich die kommende Woche wieder am Grundstück verbringen kann. Mit Franzi fahre ich alleine (!) mit den öffentlichen Verkehrsmitteln von Lagos nach Ogijo und wir sind belustigt und erschrocken zugleich, als ein Unbekannter im Bus unser Ziel kennt. Ich sag's ja, mittlerweile sind wir bekannt wie bunte Hunde. Wir zwei Mädels verstehen uns blendend und es zeichnet sich schon ab, dass wir auch nach diesem Abenteuer

Freundinnen bleiben. Nach einer Weile landen wir an einem großen Busbahnhof – damit meine ich einen Haufen unkontrollierter VW-Busse, die lautstark ihre Fahrtrichtung und Haltestellen verkünden. Wir suchen nach dem richtigen Fahrzeug, das uns an unser Ziel bringen soll, und stehen eine Weile fragend in der Gegend herum. Ich beobachte einen Mann mit zerrissener Jeans und schmutzigem weißen Unterhemd, der an seinen VW-Bus pinkelt. Ich mache Franzi darauf aufmerksam und wir drehen uns angeekelt weg. Doch zu spät. Besagter Mann dreht sich um, sieht zwei weiße Mädchen und hat nur noch ein Ziel im Kopf: diese zwei Bleichgesichter in SEINEM Bus mitzunehmen. Innerhalb eines Sekundenbruchteils steckt er sein Ding wieder zurück in die Hose und rennt mit ausgestreckten Händen auf uns zu. Winkend und lachend kommt er uns immer näher und schreit:

„Oyinbo, oyinbo, where you go? Come! Come!"

Franzi und ich kriegen einen völlig tussihaften Schreikrampf und versuchen, ihm auszuweichen und uns vor seinen Händen zu retten – wir wissen ja ganz genau, wo die vorher waren. Doch keine Chance: Herr Freipinkler freut sich zu sehr über die zwei weißen Damen, die auch noch ausgerechnet in seinem Bus mitfahren müssen. Er schiebt uns lachend in seinen Bus und ist keineswegs über unsere Reaktion verwundert. Natürlich haben zig andere Nigerianer das Schauspiel beobachtet und finden es zum Schreien komisch. Selbst, als wir schon im Bus sitzen und uns mit Desinfektionstüchern abreiben, stehen sie wie die Zoobesucher an unseren Scheiben und beobachten uns lachend. Im Nachhinein fand ich unsere Reaktion schon etwas übertrieben, aber aus Sicht der Gaffer wohl durchaus verständlich, denn gleich mehrere von ihnen stimmen uns lauthals zu: „This man is too dirty!"

Wir brauchen eine ganze Bus- und eine erfrischende Okada-Fahrt, um uns von unserem Schock zu erholen, und sind froh, als wir ohne weitere Zwischenfälle am Grundstück ankommen. Es ist wirklich beeindruckend, was die beiden Arbeiter Lekki und Samu in meiner Abwesenheit geleistet haben. Beton mischen, Baugruben ausheben, Lehm feststampfen – jeder Arbeitsschritt ist mühsame Handarbeit, denn es gibt keinerlei Maschinen oder Fahrzeuge, die uns die Arbeit erleichtern könnten. Mein größter Respekt gilt den beiden, wenn sie den Lehm feststampfen, denn das Gerät, mit dem der Boden glatt gepresst wird, ist eine kiloschwere Metallplatte an einem Stab, die immer und immer wieder hochgehoben und auf den Boden geschlagen werden muss. Ich möchte nicht tauschen.

Mit einer kiloschweren Metallplatte stampft Lekki den Lehm fest

In den kommenden zwei Tagen werden mehrere tausend Liter Wasser auf den Lehmboden gegossen, damit er sich weiter absenkt und anschließend betoniert werden kann. Eine willkommene Pause für die zwei Schwerarbeiter, denn es gibt nichts weiter zu tun, als den Schlauch alle halbe Stunde an einen neuen Ort zu tragen. Ich nutze die Gelegenheit und vergrabe eigenhändig die Kaffeedose mit den Wünschen der Kinder. Ganz fest drücke ich die Daumen, dass jeder einzelne in Erfüllung geht.

Die Kaffeedose mit den Wunschzetteln der Kinder kommt mit ins Fundament

Am nächsten Tag wartet in der Früh eine weitere Hiobsbotschaft auf uns – natürlich überbracht von unserem Erzengel Bako. Der Laster mit tonnenweise Sand für den Beton ist in der letzten Nacht von den Community Boys[15] überfallen worden. Den armen Fahrer haben sie schwer zugerichtet, ihm 15.000 Naira abgenommen und den kompletten Sand einkassiert. Abgesehen davon, dass mir der Fahrer unendlich leidtut, bekomme ich auch selbst Angst. Was, wenn die wissen, wo wir bauen und dass hier Weiße involviert sind? Godwin ist mal wieder derjenige, der mich beruhigt: „Christina, don't worry. There is noooo problem!" Er macht sich sofort auf den Weg zu dem für Ogijo zuständigen Oba und kommt tatsächlich zwei Stunden später mit guten Nachrichten zurück: „There will be no

---

[15] Community Boys könnte man vielleicht mit Unruhestiftern übersetzen. Sie sind eine Bande junger Männer, die Raubüberfälle und andere Straftaten begehen.

further problems.“ Mehr sagt er nicht und ich frage auch nicht. Ich vertraue ihm einfach. Habe ich eine andere Wahl? Natürlich ist es schade um das Geld, aber Hauptsache, es ist niemand in Gefahr.

Bereits am übernächsten Tag kommt dann schon der Ersatzlaster sicher und mit einer Ladung Sand bei uns an. Dafür mussten wir uns bei dem Lieferanten einen Kredit nehmen, denn unser Bargeld ist komplett aufgebraucht. Zwar sind aktuell noch etwa 30.000 Euro auf dem deutschen Konto, aber jede Geldüberweisung nach Nigeria ist limitiert und auch jede Geldabhebung am Automaten hier vor Ort ist nicht unbegrenzt möglich. Die ersten fünftausend Steine für die Wände finanzieren wir ebenfalls auf Pump. Bei all den Summen, die jetzt in Kürze anstehen, wird mir ganz schwindelig und ich bin froh, dass wir alle am Wochenende nach Lagos fahren, um einen Schlachtplan für die kommenden Wochen zu schmieden.

In Lagos angekommen, finde ich Lea im Bett, sie klagt über Fieber und Atemnot. Sie ist die Erste, die es mit Malaria erwischt. Genau wie ich, will sie sich nicht täglich mit Malariaprophylaxe und den harten Nebenwirkungen herumschlagen und hat es darauf ankommen lassen. In weiser Voraussicht haben wir uns die entsprechenden Medikamente im Falle einer Infektion aus Deutschland mitgenommen, und ich hoffe inständig, dass es ihr bald besser geht. Mal sehen, wie lange ich noch durchhalte – immerhin ist gerade mal die dritte Woche vorbei.

Doch es gibt auch gute Nachrichten: Godwin bekommt am Samstag eine SMS, die ihm den Eingang von weiteren 5.000 Euro auf dem nigerianische Vereinskonto mitteilt.

Puh! Auch kommen wir auf die brillante Idee, das angrenzende Grundstück zu kaufen. Dadurch schlagen wir gleich zwei Fliegen mit einer Klappe: Wir müssen unser Grundstück nicht für teures Geld ebnen und haben on top noch ein weiteres Grundstück für den Anbau von Gemüse und Obst oder für eine kleine Fischzucht. Das Beste daran: Es kostet nur 300.000 Naira, also 200.000 Naira weniger, als Bako uns für die Ebnung unseres Grundstückes abknöpfen will. Mir fällt ein Stein vom Herzen.

Am Sonntag fahren wir gemeinsam zum Flughafen, um meine liebgewonnene Franzi zu verabschieden. Ihre drei Monate in Nigeria sind vorbei und ich lasse sie nur ungern gehen. Im Austausch nehmen wir Flo in Empfang, der nach Davids Abreise in zwei Wochen die Baustelle als Architekt übernehmen soll. Flo, ebenfalls Student der Architektur, ist ein lustiger, unkomplizierter und neugieriger Typ mit, wie er selbst sagt, „selektiven Dreadlocks" in der blonden Matte.

Woche vier beginnt und David und ich sind ganz aufgeregt, als wir uns mit Flo auf den Weg zur Baustelle machen, um ihm den tollen Fortschritt zu zeigen. Schon von Weitem sehen wir, dass sich einiges verändert hat. Doch als wir direkt davorstehen, fallen wir aus allen Wolken. Die fleißigen Handwerkerlein Lekki und Samu haben in unserer Abwesenheit gemauert, was das Zeug hält. Es gibt nur ein Problem: Sie haben völlig ignoriert, wo genau Fenster und Türen eingebaut werden sollen. Auf kreative Art und Weise haben sie einfach an den Stellen, an die ihrer Meinung nach Fenster und Türen hinpassen, quadratische oder rechteckige Aussparungen gelassen. Zudem erblicke ich eine komplett freistehende Vier-mal-zwei-Meter-Wand, die ich vermutlich mit einem gezielten Tritt umschubsen könnte. Katastrophe! Als wir uns die Hausecken ansehen, sind wir auch hier komplett sprachlos. Statt die rechtwinkligen Wände an den Ecken zu verzahnen, also die Steine im Reißverschlussverfahren übereinander zu mauern, haben sie einfach eine Lücke gelassen. Angeblich wird diese anschließend mit einer Betonsäule gefüllt, was selbst aus meiner Amateursicht keinerlei Stabilität bringt. Ich sehe, wie Davids Gesicht entgleist und er anfängt, wild auf Lekki und Samu einzureden. Doch die zwei verstehen kein Wort von dem, was er sagt. Ich greife zum Handy und rufe fassungslos bei Bako an, der auch sogleich zur Baustelle kommt. Geduldig hört er sich Davids Vorwürfe an, und beim Blick auf den Gebäudeplan wirkt der sonst so vorlaute Bako wie ein kleines Häschen. Nach langen Erklärungen findet er die Idee mit dem Reißverschluss zwar gut, aber das Ende der Diskussion ist dennoch: „Well, we always did it like that. Are you getting my point?!" Kein Kommentar, das Kind ist ohnehin schon in den Brunnen gefallen.

Das zukünftige Waisenhaus nimmt Gestalt an

Den kommenden Tag verbringen Lekki und Samu also damit, die überflüssigen Lücken zuzumauern und die fehlenden Lücken durch Einschlagen des Mauerwerks zu ergänzen. Bei Anbruch der Dunkelheit gehen David und ich noch einmal zum Grundstück, um nach dem Rechten zu sehen und um unser schiefes und vermutlich hochgradig instabiles Werk zu begutachten. In nigerianischer Manier lassen wir es uns nicht nehmen, die hohlen Mauersteine mit den herausgebrochenen Steinen und anderem Müll zu befüllen. Sicher nicht die ökologischste Variante, aber zumindest belastet der Müll nicht mehr die Umwelt und wir sparen uns eine kleine Menge auffüllenden Zement für das hohle Mauerwerk. Das ganze Bauvorhaben gestaltet sich frustrierender, als ich gedacht habe, und auch David ist definitiv an seinem Tiefpunkt. Es fehlen jetzt noch Fenster, Türen, Ringanker, Putz, Sanitäranlagen, Elektronik und

Davids Meisterwerk: die Dachkonstruktion. Die Gewölbedecken der Gebäude sind so konstruiert, dass sie von dem darüberliegenden Dach getrennt und durch Luftschlitze nach oben geöffnet sind, sodass die Hitze aus den Räumen abziehen kann. Einfache Bewehrungseisen werden zu einem materialsparenden Fachwerk zusammengeschweißt, das die Gewölbedecke von dem aufliegenden Wellblechdach trennt. Durch die Luftbewegung in dem Zwischenraum der beiden Dächer wird die aufgewärmte Luft durch den Wind abtransportiert. Es ist sehr wichtig, dass wir es schaffen, zumindest einen Prototyp von diesem Fachwerk zu schweißen, bevor David in einer Woche in den Flieger zurück nach Deutschland steigt.

Neuer Tag, neues Glück. Ich gebe mein Bestes, um David am kommenden Tag wieder mit positiver Energie zu füllen, was mir mit Hilfe einer Tasse Kaffee und einer süßen Ananas auch einigermaßen gelingt. Relativ guter Dinge bricht er zusammen mit Bako zum Markt auf, um die Materialien für das Fachwerk zu kaufen. Ich hingegen laufe zusammen mit Flo auf das angrenzende Grundstück, das uns ja bald gehören soll, um erste Maße zu nehmen. Flo hat gute Laune und ist gierig darauf, das Land in all seinen Facetten kennenzulernen. Er probiert sogar das Mittagessen der Bauarbeiter, eine braune Suppe, die ich in hundert Jahren nicht kosten würde. Quietschfidel klettert er auf einen Cashew-Baum und knabbert auch prompt an der Schale, um an die Nuss heranzukommen. Wir wissen beide nicht, dass das toxische Schalenöl bei Hautkontakt schwere Verätzungen verursacht, und ich bin völlig perplex, als Flo vor Schmerzen schreiend vom Baum springt. Gott sei

Dank hat es nur einen kleinen Teil seiner Lippe benetzt, aber dennoch muss es höllisch wehtun. Will denn unsere Pechsträhne so gar nicht abreisen?

Dafür kommt David mit guten Nachrichten vom Markt zurück. Alle Materialien für den Prototyp sind gekauft und sie konnten sogar ein mobiles Schweißgerät ausfindig machen, das uns schlappe 10.000 Naira Miete am Tag kostet. Zusammen mit dem verletzten Flo, der echt hart im Nehmen ist, verbringen sie also einige Stunden damit, das erste Fachwerkelement zu schweißen. Erst als es fast dunkel ist, präsentieren sie mir stolz ihr Werk. Sie haben bewusst einige Querstreben weggelassen, weswegen ihr Konstrukt sogar noch materialschonender ist als das ursprünglich geplante. Endlich einmal eine gute Nachricht!

Am Abend trifft auch Godwin wieder in unserer Wohnung ein und ich bin sehr froh, ihn zu sehen. Ich kann wirklich ein bisschen Aufheiterung gebrauchen. Als er Flos Lippe sieht und wir ihm erzählen, was passiert ist, bricht er in schallendes Gelächter aus. Ich komme nicht umhin, mit ihm mitzulachen, und selbst Flo kann sich ein Lachen nicht verkneifen. Oh Mann, genau das habe ich jetzt gebraucht.

Der Prototyp für die Dachkonstruktion ist fertig

Bei Kerzenschein diskutieren wir drei, was wir mit Bako machen, denn der ist mittlerweile bei allen unten durch. Nicht nur dass er Davids fachmännische Ratschläge ignoriert und ständig alles besser weiß: „Are you getting my point?!" Wir sind uns auch ziemlich sicher, dass er uns an der Nase herumführt. Warum sonst sollte er sich strikt weigern, uns die Lohnkosten der beiden Arbeiter offenzulegen, außer dass er einen Großteil selbst einsteckt? Natürlich haben wir bereits versucht, Lekki und Samu persönlich zu fragen, aber die verstehen uns einfach nicht – oder wollen uns nicht verstehen. Wir kommen mit der Diskussion nicht wirklich weiter, aber es tut auf jeden Fall gut, mal so richtig abzulästern.

Malaria findet mich oder: Christina, are you vomiting?

Zusätzlich zum ganzen Baustress fühle ich mich seit ein paar Tagen auch körperlich ziemlich schlecht. Ich ahne es schon. Nachdem ich die letzten Jahre von abgespacten Träumen und depressiven Stimmungen als Nebenwirkungen der teuren Malariaprophylaxe geplagt wurde und in den ungewöhnlichsten Momenten Heulattacken hatte, wollte ich es dieses Mal darauf ankommen lassen.

Schwindel und Fieber begleiten mich schon den ganzen Tag und um 2 Uhr nachts geht es dann richtig los. Mir ist speiübel. Obwohl ich kaum etwas gegessen habe, muss ich mich die ganze Nacht übergeben. Während David bereits beim ersten Kotzanfall an meiner Tür steht und nach mir sehen will, erwacht Godwin, der ausnahmsweise auf der Matratze neben mir schläft, erst beim dritten. Die Frage: „Christina, are you vomiting?", kann er sich relativ schnell selbst beantworten, als ich es bei der vierten Attacke nur noch teilweise ins Badezimmer schaffe.

Die Diagnose Malaria lässt nicht lange auf sich warten, denn Doktor Godwin hat immer einen Malariaschnelltest dabei. Bei Kontakt mit einem Tropfen meines Bluts schlägt dieser schnell aus und zeigt zwei dicke, leuchtend rote Streifen. Ich nehme sofort die mitgebrachten Medikamente und schlafe wenig später erschöpft wieder ein. Zwar fühle ich mich am nächsten Tag immer noch schwach und emotional aufgewühlt, allerdings scheine ich Glück gehabt zu haben, denn die teuren Medikamente haben offensichtlich angeschlagen. Ich frage mich, wie sich die Nigerianer das leisten können, denn Godwin, Mary oder eines der Kinder leiden mindestens einmal im Monat an Malaria. Godwin erzählt mir von Tabletten der Firma Novartis, die es in nigerianischen Apotheken statt für 80 Euro für 5 Euro gibt und die anscheinend den gleichen Wirkstoff wie meine teuren haben. Ich musste die noch nie selbst ausprobieren, ist aber vielleicht ein guter Tipp für eure nächste Afrikareise?!

Ich bin mir ziemlich sicher, dass ich mir Malaria in Lagos und nicht in Ogijo eingefangen habe, denn dort ist es deutlich feuchter und tropischer. Gut, dass wir die Megastadt bald hinter uns lassen. In Ogijo gibt es nicht so viele Mücken und man kann auch abends noch vor die Tür gehen, ohne gleich die Eventlocation für das nächste Moskitobesäufnis zu sein.

Das Blatt wendet sich oder: Beziehungen sind alles

Die fünfte Woche beginnt, und nachdem wir ein heißes Wochenende bei den Kindern in Lagos verbracht haben, sind wir alle froh, wieder ins kühle Ogijo überzusiedeln. Godwin muss neuerdings leider auch über die Wochenenden auf der Baustelle bleiben, weil Lekki und Samu auf die glorreiche Idee gekommen sind, in unserer Abwesenheit unsere Zementsäcke zu verkaufen.

Ich kann es nicht erwarten, ihn wiederzusehen und ihm die guten Nachrichten zu überbringen, denn am Samstag habe ich gleich zwei E-Mails mit Unterstützungszusagen für insgesamt 6.800 Euro bekommen. Woop, woop! Die Finanzspritze kommt genau zum richtigen Zeitpunkt, denn es sind nur noch 15.000 Euro auf dem Konto und es steht noch nicht einmal die Hälfte des neuen Waisenhauses.

Bevor wir aber in Ogijo ankommen, machen wir noch einen kleinen Umweg über Ikeja, die Hauptstadt des Bundesstaates Lagos. Hier wohnen definitiv die reichen Lagosianer. Der Grund für unseren Zwischenstopp ist Tony, der Unternehmer, der uns dankenswerterweise Platz in einigen seiner Container zur Verfügung gestellt hat. Er ist endlich in Lagos angekommen und will uns unbedingt treffen. Empfangen werden wir in seiner schicken Wohnung in Ikeja und ich werde daran erinnert, wie wichtig es betuchten Nigerianern ist, ihren Wohlstand auch durch das äußere Erscheinungsbild zu zeigen. Ein bisschen beschämt schaue ich auf meine eigenen Klamotten, die zwar passend für die Baustelle, aber sicher nicht für diese Wohnung sind. Wir setzen uns an einen polierten Glastisch. Eigentlich will ich mich bei Tony nur persönlich für die Lieferungen bedanken und ein wenig vom Baufortschritt erzählen. Aber Tony ist gleich Feuer und Flamme, will alles ganz genau wissen und bittet sogar um einen Blick auf die Konstruktionspläne. Er amüsiert sich prächtig über all die Missgeschicke auf der Baustelle, ist von den Plänen hellauf begeistert und will David sofort für seine eigenen Baupläne engagieren. Ich sehe, wie David einen Kopf größer wird. Als wir ihm eher beiläufig von unseren finanziellen Problemen erzählen und dass wir befürchten, das Dach erst einige Zeit später bauen zu können, greift er sofort zum Telefon und schaltet es auf Lautsprecher. Nach einigen Momenten antwortet eine rauchige Stimme: „Yes?"

„Chris, I have a few friends from Germany here and they are building an orphanage in Ogun State. Their plans are marvellous, you have to come see this. This is spectacular."

„Okay, let me come next week, text me their phone number."

"God bless you."

Und diese paar Sekunden sollen unser Blatt um hundertachtzig Grad wenden, denn Chris ist Inhaber des Dachdeckerimperiums namens Metrotile. Whaaaat? Überschwänglich bedanken wir uns bei Tony für diesen Kontakt und ich verspreche, mein Handy nicht mehr aus den Augen zu lassen. Zu allem Überfluss organisiert uns Tony auch noch einen Fahrer, der uns überaus bequem nach Ogijo chauffiert und uns sogar noch zum Einkaufen fährt. Tony, wie kann ich dir das jemals danken?

Beflügelt ohne Ende treffen wir in Ogijo auf Godwin und berichten ihm die guten Neuigkeiten. Dieser strahlt über beide Ohren, glücklich fallen wir uns in die Arme. Godwin hat ebenfalls gute Nachrichten, denn der Fuchs hat herausgefunden, wo unser Schreiner, der seit drei Tagen auf der Baustelle arbeitet und von Bako engagiert wurde, zur Kirche geht. Da dieser ebenfalls nicht mit der Sprache herausrücken wollte, wie viel Bako ihm bezahlt, hat sich Godwin am Sonntag auf den Weg zu dessen Pastor gemacht und ihn überredet, dem Schreiner auf den Zahn zu fühlen. Seinem Pastor konnte der Schreiner die Bitte nicht ausschlagen und hat ihm widerwillig offengelegt, was er verdient. Tatsächlich nur die Hälfte von dem, was uns Bako für die Schreinerarbeiten abknüpft. Jetzt haben wir ihn fast.

Es soll noch zwei Tage dauern, bis es sich auch zu Lekki und Samu herumgesprochen hat, dass wir Bako entlassen wollen. Aus Angst, ihren Job zu verlieren, knicken auch die beiden ein und rücken mit ihrem Tageslohn heraus. Diesmal weitaus weniger als die Hälfte von dem, was Bako einstreicht. Ich mache mir nicht einmal mehr die Mühe, mit unserem gefeuerten Bauherren zu diskutieren, und teile ihm lediglich mit, nicht ohne ein teuflisches Grinsen auf den Lippen, dass er morgen und auch übermorgen nicht wieder kommen muss. Bako dampft ohne ein weiteres Wort mit seinem violetten Opel ab und wir sehen ihn nie mehr. Ich könnte die Welt umarmen!

Der Bau schreitet weiterhin gut voran, die Mauern stehen jetzt so, wie sie stehen sollen, und der bereits betonierte Ringanker kann in den kommenden Tagen gesetzt werden. Der Prototyp für das Dachelement dient als Vorbild für nunmehr achtzehn identische Konstruktionen. Die mittlerweile sieben Handwerker haben deutlich bessere Laune, denn ihr Geld kommt jetzt in geregelten Bahnen und ist sogar etwas mehr als vorher. David hat beste Laune, und selbst als er herausfindet, dass Godwin sich ungefragt seine Baustellenschuhe ausgeborgt hat, weil seine angeblich voller Sand sind, und David in meinen Flipflops auf die Baustelle muss, ist er guter Dinge. Er könnte am nächsten Tag mit keinem besseren Gefühl abreisen.

Und dann kommt er endlich, der Anruf von Chris beziehungsweise seiner Assistentin Izzy. Genau am Valentinstag, wie passend. Sie unterrichtet mich darüber, dass Chris sich gerne die Baustelle ansehen würde und ob ich ihr die Adresse zusenden könne. Nichts lieber als das. Ach, wie herrlich, in vier Tagen ist es also so weit.

Am nächsten Morgen verabschieden wir uns von David, der wieder zurück zu seinem Job in Deutschland muss. Er hat hier wundervolle Arbeit geleistet und fantastisches Improvisationstalent bewiesen. Ich wünschte, er könnte noch bleiben, um Chris in die Details seiner Konstruktionspläne einzuweisen, aber Flo wird ihn sicher angemessen vertreten. Davids Flughafenchauffeur kommt über eine Stunde zu spät, weil er noch sein Auto waschen musste, was David auf die Palme, mich aber zum Schmunzeln bringt. Da müssen wir eben alle durch – Nigeria wäre nicht Nigeria, wenn immer alles glatt gehen würde. Am Flughafen klatscht sich

David mit unserem vorerst letzten Volunteer namens Robert ab, der Flo auf der Baustelle tatkräftig unterstützen soll. Zwei Koffer voller Werkzeuge und Sicherheitsausrüstung kann er, dank einer Packung Gummibärchen, erfolgreich an den Sicherheitsbeamten vorbeischmuggeln. Wir begrüßen ihn herzlich in unserem FHOH-Team.

Ohne Pause oder gar eine Akklimatisierungsphase für Robert geht es direkt zurück zur Baustelle. Ich will unbedingt alles soweit wie möglich fertig bekommen, bevor Chris kommt. Auf dem Markt in Ogijo treffen wir auch unseren Schweißer, der seit einigen Tagen durch Abstinenz glänzt. Vermutlich ist ihm kurzfristig ein lukrativeres Geschäft untergekommen, was in Nigeria nicht ganz unüblich ist und womit man wohl als Bauherr leben muss. Der Typ ist mindestens einen Kopf kleiner als ich, lässt es sich aber nicht nehmen, mir auf meine Frage, wann er denn wieder kommen würde, zu antworten: „Veeery soon, my sweetheart.“ Da alles gerade so gut läuft und er mit seiner riesigen Zahnlücke einfach zu charmant aussieht, lasse ich es für heute gut sein und verlasse mich auf die sechs anderen und weitaus treueren Handwerker.

Die Mauern werden mit Bambusstäben stabilisiert

Flo und ich führen Robert gerade durch die halbfertigen Gebäudeteile, die überall mit Bambusstäben stabilisiert werden, als wir ein herannahendes Fahrzeug hören. Schon von Weitem höre ich aufgeregtes Geschrei und mir schwant Böses. Wir eilen zum Haupteingang beziehungsweise dorthin, wo er einmal sein wird, und sehen drei junge Männer auf zwei Motorrädern schimpfend und wild gestikulierend auf unsere Handwerker einreden. Alle drei tragen dicke Goldketten und Uhren und auch ihre Klamotten verraten, dass es ihnen finanziell nicht gerade schlecht geht. Wir verstehen absolut kein Wort, können uns aber denken, dass es hier um Geld geht. Die Streiterei wird immer lauter und aggressiver und es dauert eine Weile, bis ich meinen Mut finde und laut in die Runde frage: „Hey, what's going on?" Die drei Männer, die vorher gar nicht gesehen hatten, dass da auch drei Weiße anwesend sind, verstummen augenblicklich. „Ehhh, excuse me Miss, but these workers here refuse to pay their taxes." Ich kann euch gar nicht sagen, wie erleichtert ich bin. Endlich will mal keiner Geld von mir. Mit einem simplen „okay" ziehe ich mich mit Flo und Robert zurück und lasse die Streithähne unter sich.

Die Tage bis zu Chris' geplanter Stippvisite vergehen wie im Flug und schließlich klingelt am 18. Februar um 7 Uhr mein Telefon. Am Apparat ist Izzy, die mir mitteilt, dass Chris jetzt gleich an der Baustelle ist. Von Panik ergriffen gieße ich mir einen Eimer kaltes Wasser über den Kopf, damit ich einigermaßen vorzeigbar bin. Für Kaffee habe ich keine Zeit. Ich sprinte direkt zur nächst größeren Straße, um Chris und Izzy in Empfang zu nehmen. Nach einer halben Stunde realisiere ich, dass „jetzt gleich" in Nigeria nicht dasselbe wie „jetzt gleich" in Deutschland bedeutet. Und so warte ich erst einmal eineinhalb Stunden. Als die zwei dann endlich in einem schicken Auto um die Ecke biegen und in eleganter Kleidung aus dem Wagen steigen, bekomme ich einen Eindruck davon, wie erfolgreich Chris ist. Mir ist es schon fast etwas unangenehm, ihm unser improvisiertes und unfertiges Gebäude zu zeigen. Zwar ist der Baufortschritt für sechs Wochen durchaus beachtlich, selbst den Ringanker konnten wir gestern noch setzen, jedoch übertrifft es nicht gerade meine Erwartungen. Und Chris sieht das wohl ganz ähnlich. Andächtig schleicht er mit seinen schicken Schuhen durch die schmutzige Baustelle und schaut mich immer wieder ungläubig an: Das ist ja alles ganz schief! (Ja!) Wie sind denn diese Mauern verzahnt? (Gar nicht!) Und was haben die denn hier gemacht? (Eeehhhh…) Offensichtlich ist unsere Baustelle doch nicht so normal für die lokalen Verhältnisse, wie ich mir das die ganze Zeit eingeredet habe. Chris ist Gott sei Dank ein Mann der Tat und beauftragt sofort einen anständigen Bauleiter namens John, der retten soll, was noch zu retten ist. Um die Kosten solle ich mir erstmal keine Gedanken machen und auch das Dach solle ich mal seine Sorge sein lassen. So schnell wie unser Retter gekommen ist, ist er auch wieder verschwunden. So einfach, so unkompliziert – ein echter Helfer in der Not, dem ich auf ewig dankbar sein werde. Nur zwei Stunden später ist John bereits vor Ort und packt gleich ordentlich mit an. Ab jetzt soll alles nur noch flutschen und ich kann die letzten zwei Wochen meines Aufenthalts deutlich entspannter und in vollen Zügen genießen.

Hoher Besuch oder: Ein krönender Abschluss

Ich fand es schon immer beeindruckend, wenn andere junge Leute auf so eine extreme Erfahrung Lust haben und mich nach Lagos begleiten. Doch dass sich auch meine Mama traut, sich alles vor Ort anzuschauen, rechne ich ihr wirklich hoch an. Da Mütter in Nigeria mit höchstem Respekt behandelt werden – Ekon machte vor Mummy Margareth nicht nur einen Knicks, sondern eine komplette Liegestütze – wird meine Mama empfangen wie eine Königin. Schon als ich sie am Flughafen abhole, fließen die ersten Tränchen, und ich freue mich wirklich darauf, ihr diese meine Welt zu zeigen. Ihr Koffer ist voll mit Mitbringseln; glückselig schaue ich allen dabei zu, wie sie freudig ihre Päckchen auspacken und sich über die Inhalte hermachen.

Da die Baustelle gerade so gut läuft, nehme ich mir ein paar Tage frei, um meiner Mama die Gegend zu zeigen, mit ihr Okada zu fahren, auf dem Markt Stoffe zu kaufen und ein Conservation Center mit freilebenden heimischen Tieren zu besuchen. Auch will ich endlich mit Mson in ein Krankenhaus fahren, um seine Hörfähigkeit testen zu lassen und um zu prüfen, ob wir ihm irgendwie helfen können. Mson ist durch eine Polio-Infektion in seiner frühen Kindheit nicht nur leicht gehbehindert, sondern er hört fast nichts und redet demnach auch sehr unverständlich.

Immer mehr ist er in der Schule auf Emmanuel angewiesen, der ihn abschreiben lässt und mit ihm Hausaufgaben macht.

Es dauert eine lange Weile, bis wir an der Reihe sind, denn wir haben keinen Termin. Der Arzt macht einige kleinere Untersuchungen, macht uns aber keine großen Hoffnungen. Er demonstriert dies, indem er hinter Msons Kopf eine Stimmgabel anschlägt und dieser absolut nichts davon mitbekommt. Zu meinem Erstaunen verschreibt uns dieser Herr Doktor für teures Geld eine Arznei – ein Mittelchen gegen Taubheit sozusagen. Komisch, dass sich das noch nicht herumgesprochen hat. Wir lehnen dankend ab und vereinbaren anschließend einen Termin im Military Hospital, um einen deutlich professionelleren Hörtest durchzuführen. Die Auswertung der Testergebnisse ergibt, dass Msons Hörschwäche operativ nicht zu verbessern ist und dass ihm mit einem Hörgerät am besten geholfen wäre. Ein Wunsch, den wir Mson einige Monate später erfüllen werden.

Meine letzte Woche ist angebrochen und es steht noch ein Großereignis auf dem Plan. Ich denke, meine Mama nimmt es mir nicht übel, wenn ich schreibe, dass sie gerne shoppt – viel lieber als ich – und daher kann ich mir für die folgende Spendenaktion niemand besseren vorstellen.

Beim Anblick der zahlreichen Säcke mit gespendeten Klamotten in unserer FHOH-Wohnung bin ich nämlich vor einigen Tagen auf eine, wie ich finde, brillante Idee gekommen. Die Unmengen an alter Kleidung, aus der sich die Kinder immer nur das rauspicken, was sie auch tatsächlich tragen, landen nach sorgfältiger Durchsicht wieder in der Tüte und werden erst einmal aufbewahrt. Statt mit all den Sachen ins neue Waisenhaus umzuziehen, überrede ich Mary, damit auf den Markt zu gehen, sie dort für kleine Beträge zu verkaufen und damit unsere Portokasse aufzubessern. Da Mary Bedenken hat, die Sachen in Lagos zu verkaufen – es könnte sich ja herumsprechen, dass wir als Waisenhaus geschenkte Klamotten verkaufen – planen wir, auf einen Markt in der Nähe unseres Grundstücks in Ogijo zu gehen.

Schon in der Nacht vor unserer Verkaufsaktion sind Lea, meine Mama und ich ganz aufgeregt und kuscheln uns zu dritt auf zwei Matratzen unter ein großes Moskitonetz in unserer Wohnung in Ogijo. Eine lustige Erfahrung, denn ich kann mich nicht daran erinnern, wann ich das letzte Mal mit meiner Mama in einem Bett geschlafen habe.

Der nächste Tag beginnt für uns dann um 6 Uhr morgens. Zusammen mit Mary und Godwin fahren wir vollbeladen auf einen Markt bei Ikorodu. Ich sag es euch, es läuft von Anfang an wie geschmiert. Schon bei unserer Ankunft erregen wir drei weiße Frauen große Aufmerksamkeit. Unser Marktstand ist sofort dicht umringt und wir verkaufen auf Anhieb ungefähr die Hälfte unserer Ware. Als es etwas schleppender wird, ändern wir unsere Verkaufsstrategie: Godwin macht den Marktschreier, greift immer wieder in den Kleiderberg, wirbelt alles durcheinander und preist alle Teile für 200 Naira, dann für 100 Naira, dann für 50 Naira und letztendlich für 10 Naira an. Meine Mama unterstützt ihn tatkräftig, hält sich auch die hässlichsten Stücke an den Körper und sagt: „Oh, very beautiful." Die Klamotten gehen weg wie warme Semmeln, schon nach drei Stunden brechen wir unsere Zelte wieder ab. Ein wirklich gelungener Abschluss meines Aufenthalts, der uns nicht nur viel Platz im neuen Waisenhaus beschert, sondern auch noch 200 Euro einbringt.

Unser Verkaufsstand auf einem Markt bei Ikorodu: Unsere Kleider sind heiß begehrt

Stolz und ein bisschen wehmütig fahre ich mit meiner Mama ein letztes Mal auf die Baustelle. Wirklich krass, was wir hier die letzten neun Wochen geschafft haben, und ich bin so unsagbar stolz auf unser interkulturelles Team. Godwin hat es sich nicht nehmen lassen und bereits ein Schild mit der Aufschrift „Future Hope Orphanage Home – a Nigerian German Partnership“ anbringen lassen. Und das ist es wirklich: eine Partnerschaft! Ja, die Wände sind schief, die Statik ist zweifelhaft und vermutlich haben uns die Bauarbeiter bei jeder Gelegenheit über den Tisch gezogen.

Aber WIR haben es trotzdem irgendwie geschafft, WIR haben zusammengehalten und uns nicht beirren lassen. Das neue Waisenhaus ist das Ergebnis unserer guten Herzen, tatkräftiger Unterstützer und der Passion für die FHOH-Kids, die wir teilen. Ich habe Tränen in den Augen, als ich Flo und Robert die volle Verantwortung übergebe. Sie sollen und werden in den kommenden Wochen die Gewölbedecke mauern, das Dach verankern und die Elektrik und die Wasserversorgung installieren. Ich hätte mir keine besseren zwei Chaoten vorstellen können, um dieses Projekt in meiner Abwesenheit fortzuführen.

Und natürlich Godwin, der bis zum Schluss, auch als alle Oyinbos schon weg sind, jeden Tag auf der Baustelle ist. Ihm ist es auch zu verdanken, dass die Kinder an Weihnachten 2014 in ihr erstes eigenes Zuhause ziehen. Bye-bye Lagos and hello Ogijo.

Future Hope Orphanage Home – a Nigerian German Partnership

Nachwort

Eine Ode an die Kinder oder: Ogijo again and again and again

Wir schreiben das Jahr 2022 und der Bau ist seit mittlerweile sieben Jahren mehr oder weniger abgeschlossen. Zwar ist er an manchen Stellen immer noch krumm und schief, aber so sieht es eben aus, wenn ein Haufen Amateure ein Haus baut. Viel wichtiger jedoch: Es ist ein Zuhause, in dem sich alle wohlfühlen. Es hat einen Spielplatz, gemütliche Schlafzimmer, einen gemeinsamen großen Esstisch, ein großes Wohnzimmer, getrennte Sanitäranlagen und sogar Platz zum Fußballspielen. Mein Lieblingsort ist der überdachte Zwischenraum zwischen dem ersten und dem zweiten Wohnkomplex, wo ich täglich mehrere Stunden auf den Stufen verbringe, meinen Instantkaffee trinke, den Kindern bei den Hausaufgaben zusehe und stundenlange Diskussionen mit Godwin führe. Hier geht immer ein frisches Lüftchen, ich bin geschützt vor der heißen Sonne oder einem Regenguss und habe bis spät abends Tageslicht, besonders wenn der Strom mal wieder abgedreht ist. Klingt ein bisschen wie Sheldon Cooper und „his spot".

Natürlich wächst das Projekt auch ständig weiter. In den Folgejahren haben wir zwei angrenzende Grundstücke gekauft, eines für einen Obstgarten und für die Hühner- und Fischzucht und ein anderes für einen weiteren Gebäudekomplex, um den größeren Kindern etwas Ruhe und Privatsphäre zu gönnen, aber auch um Volunteers zu beherbergen. Ein weiteres Grundstück, ein paar Autominuten entfernt, dient uns für den Anbau von Cassava und Yam – die erste Ernte haben uns Unbekannte gleich mal gestohlen, seither passen wir besser auf.

Doch es sind vor allem die Kinder, die mich immer wieder nach Nigeria ziehen. Manchmal wünsche ich mir, jeden Tag bei den Kids zu sein, um sie beim Erwachsenwerden zu unterstützen und um sie jeden Tag zu herzen und zu knuddeln. Es gibt jedoch Situationen, in denen ich meine Heimat doch sehr zu schätzen weiß: zum Beispiel wenn mir um 2 Uhr nachts eine Kakerlake über die nackten Beine läuft und ich erst mal einige Sekunden brauche, um raus aus dem Moskitonetz zu finden; wenn Ratten von den Schränken springen oder wenn ich am Straßenrand eine Leiche liegen sehe – zugegeben, das ist in den vergangenen zwölf Jahren nur einmal vorgekommen.

Trotzdem zelebriere ich jeden Aufenthalt in Nigeria und scheue kaum Kosten und Mühen – ebenso wie Franzi, die ähnlich verrückt ist nach Land und Leuten – um jede Gelegenheit vor Ort zu sein. Vor allem ein Überraschungsbesuch nach einer Südafrikareise, bei dem wir völlig selbstständig und sehr souverän den Weg ins Waisenhaus gefunden haben, bleibt legendär und die Reaktion der Kinder unvergesslich.

Ich bin immer wieder beeindruckt, wie sich die Kinder in den letzten Jahren entwickelt haben. Aus den kleinen Jungs und Mädchen, die Süßigkeiten unter ihren Matratzen horteten, die verliebt mit ihren Puppen spielten und die sich gegenseitig die Haare frisierten, sind verantwortungsvolle, schlaue und zielstrebige junge Leute geworden. Vieles davon geht auf die Unterstützung vieler Geldgeber, Volunteers und natürlich Godwin und Mary zurück. Und auch ich habe bestimmt meinen Beitrag geleistet.

Praise hat inzwischen sein Studium beendet und wohnt in seiner ersten eigenen Wohnung. Er verfolgt seinen Traum, Schauspieler zu werden, und verdient sich bis zu seinem großen Durchbruch ein paar Nairas mit seiner eigenen Fischzucht hinzu. Unvergessen bleibt für mich der Moment, als ich ihn zu einer Schulolympiade begleitete und er als Kleinster sowohl den ersten Preis beim Hundert-Meter- als auch beim Zweihundert-Meter-Sprint abräumte. Ich brauche euch nicht zu sagen, dass ich diejenige war, die ihn am lautesten angefeuert hat und bei seinem Sieg die anderen Mütter wissen ließ: „That's MY boy!"

Ibukun hat ebenfalls ihr Studium beendet, lebt aber immer noch im FHOH, da der richtige Job noch nicht um die Ecke gekommen ist. Sie versucht sich zur Überbrückung als Schuhdesignerin und Lehrerin, ihr Können stellte sie bereits als meine Yoruba-Lehrerin unter Beweis. Schon immer war sie ein ruhiges und geduldiges Mädchen, die sich bei ihrer Buchlektüre auch nicht aus der Ruhe bringen ließ, wenn ihr Emmanuel und Mson frech ins Gesicht pupsten. Ich gebe zu, dass meine Reaktion pädagogisch eher weniger sinnvoll war, denn ich fand die Situation eklig und lustig zugleich. Gut, dass sich auch Ibukun ein Lächeln nicht verkneifen konnte.

Terna und Bigi sind irgendwann von ihren Pflegefamilien ins FHOH zurückgekehrt. Terna lebt inzwischen mit Frau und Kind in der Nähe seiner Heimatstadt und Bigi studiert in Benin, folgt allerdings immer mehr seiner Passion als Singer und Songwriter.

Seun ist meine Powerfrau. Sie studiert aktuell Mikrobiologie und ich weiß, dass sie sich nicht mit *second best* begnügen wird. Schon als zehnjähriges Mädchen lernte sie innerhalb weniger Minuten den deutschen Satz „Ich möchte gerne eine Puppe haben“ in Schrift und Sprache und erfüllte sich somit ihren Wunsch spielerisch. Einmal geriet sie völlig aus dem Häuschen, weil ich ihr ein zweisprachiges Wörterbuch schenkte. Sie konnte tagelang nicht genug davon bekommen, beliebige Wörter, die ich ihr nannte, nachzuschauen. Scharfsinnigkeit und Stärke gehen bei nigerianischen Mädchen oft durch gesellschaftliche Normen verloren. Es besteht Hoffnung, dass es bei Seun anders kommt. Denn als ich sie einmal fragte, was sie machen würde, wenn ihr Mann sie schlagen würde, antwortete sie: „I will show him something!“ Genau, Ausrufezeichen!

Mson ist mittlerweile ein junger Mann, der ein unglaubliches Verständnis von Technik hat. Ganz ehrlich, keine Ahnung, wie er sich das angeeignet hat! Denn die ersten vierzehn Jahre seines Lebens hat er kaum etwas gehört und erhielt Informationen nur durch Lippenlesen oder durch Abschreiben von Emmanuel. Ist der Generator, Computer oder DVD-Player kaputt – Mson kriegt es wieder hin. Seit zwei Jahren trägt er ein gespendetes Hörgerät aus Deutschland und allein seine Aussprache hat sich dadurch um Welten verbessert.

Auch von Esther erwarte ich Großartiges. Mit sechs lernte sie durch uns Englisch und schon mit sieben war sie Klassenbeste. Das hat sich seither nicht verändert. Sie war immer ein lautes Mädchen, vergnügungssüchtig – ihre Lieblingsspiele sind Looping Louis, Memory, Mensch-ärgere-dich-nicht, Wackelturm und vor allem Ligretto – und eine Perfektionistin, wenn es ums Schummeln geht. Sie ist aber ebenso zuckersüß. Nach nur wenigen Tagen nach unserem ersten Kennenlernen umklammerte sie mich und sagte: „Aunty Christina, I'll never let you leave again."

Inzwischen ist auch Esthers kleine Schwester Emmanuela bei uns. Genauso laut, genauso schlau. Als sie zu uns kam, war sie vier Jahre alt. Ich kann und will mir nicht vorstellen, wie es ist, wenn man so klein von den Eltern wegkommt, wenn man sich in einer neuen Umgebung durchsetzen muss, keine Schwäche zeigen darf, niemanden hat, der einen knuddelt und küsst. Sie fand es anfangs sogar komisch, wenn ich ihr ein Küsschen auf die Wange geben wollte. Aber nach einer Weile konnte sie nicht genug davon bekommen und hing mir andauernd am Rockzipfel.

Ich weiß nicht, ob alle vorpubertären Mädchen in Nigeria solche Schlauberger sind, aber auch Elisabeth hat es einfach drauf. „Elisabeth, you are sweet like sugar" war einer der ersten englischen Sätze, den sie hörte und verstand; heute zählt auch sie zu den besten zehn Prozent ihrer Klasse. Wenn ich ihr Hausaufgaben erklärte, entdeckte ich sie meist wenig später dabei, das Gelernte eigenständig zu wiederholen und zu üben. Und das tat sie lieber als zu spielen! Ich freue mich immer wieder darüber, wenn sie mich schelmisch angrinst und mir sagt: „Aunty Christina, you are sweet like sugar."

Es fehlt: Emmanuel. Ein cleverer Junge, heute Mann, der es faustdick hinter den Ohren hat. Warum, fragt ihr euch? Hier die Top 5 seiner Schoten:

Emmanuels Lieblingsessen ist bekanntlich Jollof Rice. Als er Franzi einmal besonders schick fand, vermutlich in einem nigerianischen Kostüm, sagt er: „You look like jollof rice." Ich denke, das war als Kompliment gemeint, ob Emmanuel damit bei der Frauenwelt Erfolg haben wird, bleibt abzuwarten.

Seine Tischmanieren folgen dem Prinzip: möglichst schnell und möglichst viel. Als ihm die anderen Kinder unterstellten, Emmanuel würde essen wie ein Bauer, ein Villager, antwortete er: „No, I eat like a London lady." Seine Aussage entkräftete sich endgültig, als ich ihn dabei beobachtete, wie er vor dem Abwasch noch einmal alle Teller fein säuberlich abschleckte.

Die Frage nach seinem Berufswunsch beantwortete Emmanuel folgendermaßen: „I want to be a banker, because I like counting money."

Und als ich ihm beizubringen versuchte, dass man „Bitte" sagt, wenn man etwas möchte, und ihn bei seinem nächsten Wunsch fragte, wie denn das Zauberwort laute, sah er mich fragend an und sagte: „Hundred?"

Doch Emmanuel kann auch ganz anders: Ich entdeckte ihn einmal dabei, wie er auf dem Bauch liegend Hausaufgaben machte. Neben ihm, ebenfalls auf dem Bauch, lag Esther und schlief. Ich ermahnte Emmanuel, dass es viel zu spät für Hausaufgaben sei und dass er die doch lieber unmittelbar nach der Schule machen solle. Ohne aufzublicken, erklärte Emmanuel mir, dass er die Hausaufgaben für

Esther mache, die ja offensichtlich eingeschlafen sei. Wenn das nicht Zucker ist, dann weiß ich auch nicht.

Es gibt mittlerweile noch einige weitere Kinder, die ich aber durch Corona und meine eigene Mutterschaft noch nicht so gut oder gar nicht kennenlernen konnte. Ich bin mir jedoch sicher, dass jedes Einzelne von ihnen problemlos mit den anderen mithalten kann. Die neuen Kids sollen mir also an dieser Stelle nicht böse sein, dass ich noch nicht viel über sie schreiben kann.

Mit den Kindern hat es angefangen und mit ihnen fühle ich mich sehr verbunden. Ich wünsche mir, dass sie alle weiterhin gedeihen, lernen und das Leben meistern.

Mo nífẹ̀ẹ́ yín – Ich liebe euch.

Danksagungen oder: Zufälle gibt's, die gibt's gar nicht

In den vielen Jahren, die mich dieses Projekt nun begleitet, habe ich natürlich nicht nur einmal gezweifelt. Und war auch oft verzweifelt. Rückschläge, Geldsorgen und die kulturellen Unterschiede haben mich oft in den Wahnsinn getrieben. Die Nebenwirkungen der Malariatabletten haben ihr Übriges getan und so finden sich Notizen wie „… noch 42 Tage … noch 13 Tage … noch 2 Tage, bis ich nach Hause fliege“ viele Male in meinen Tagebüchern. Und auch die hohe Investition meiner Freizeit war nicht immer einfach. Während alle anderen Studenten beruflich wertvolle Praktika machten oder auf große Reisen gingen, flog ich jedes Jahr nach Nigeria und verwendete mindestens fünfzehn Wochenstunden für den Aufbau einer Homepage, für Fundraising, Netzwerken und, und, und.

Besser wurde es, als ich mehr Leute im Team hatte und vor allem wenn mich ein anderes Bleichgesicht nach Nigeria begleitete. Der Kulturschock, den ich auch nach über zehn Jahren noch erleide, wird dadurch deutlich abgemildert. Aber was mir vor allen Dingen immer wieder neue Motivation schenkte, waren die vielen zufälligen, nein schicksalhaften Begegnungen mit anderen Menschen.

2011 sammelte ich zwölf Kilogramm gespendete Spielknete, um Kunstwerke mit den Kindern anzufertigen, die dann unser Werbematerial zieren sollten. Da ich keine gute

Fotografin bin, brauchte ich Tipps von einem Profi. Eine Freundin brachte mich mit einem bekannten Fotografen zusammen, der gleich zu Anfang unseres Gesprächs sagte: „Ich wollte schon immer mal nach Lagos, dort gibt es eine uralte, weltbekannte Jazz-Szene. Wann soll ich fliegen?" Tobi flog also 2011 auf eigene Kosten nach Lagos. Ife und ich warteten am Flughafen, doch der Flug hatte stundenlang Verspätung. Nach drei Stunden verschwand er mit dem Zusatz „flight delayed" dann komplett von den Anzeigetafeln, was uns ziemlich verwirrte. Wir begannen Flughafenpersonal nach dem Flug zu fragen, doch die Antwort blieb immer die gleiche: „Dieser Flug existiert nicht." Hä? Ich sage euch, wir fühlten uns wie im Film. Ife und ich hielten aber tapfer fünf Stunden durch und waren erleichtert, als Tobi unbeschadet die Gepäckhalle verließ. Und es hat sich gelohnt: Trotz einer beidseitigen Bindehautentzündung, die mich am letzten Tag meines Aufenthalts plagte und die ich großzügig an einige Anwesende weitergab, hatten wir eine tolle Knetaktion mit wundervollen Bildern. Diese sehe ich mir bis heute gerne an. Tobi freundete sich obendrein auch noch mit Ife an und war Jahre später zu Gast auf dessen Hochzeit.

Kinderkunstwerke aus Knetgummi

Um Weihnachten 2016 bekam ich einen Anruf eines großen Nürnberger Ingenieurunternehmens, das sein Büro in Abuja auflösen und uns die verbleibende Ausstattung schenken wollte. Mit dabei unter anderem: Büroausstattung inklusive Drucker, Schreibtisch und Stühlen, ein großer Dieselgenerator UND ein voll funktionsfähiger Land Rover. Wahnsinn!

Es gab in den Jahren so viele großzügige Sachspenden, die wir entweder selbst verwendeten, wie etwa die komplette Elektronik für den Neubau, Betten, Matratzen, kiloweise Lebensmittel und ein Hörgerät für Mson, oder für FHOH verkaufen durften.

Von Tony, dem in Schwabach lebenden nigerianischen Exporteur, habe ich ja bereits erzählt. Er verschiffte uns nicht nur die gespendete Elektronik und andere Sachspenden kostenfrei nach Lagos, sondern stellte auch den Kontakt zum Dachdeckerunternehmer Chris her.

Nicht zu vergessen die grandiosen Volunteers vor Ort, die alle auf eigene Kosten und eigenes Risiko nach Nigeria flogen und einen fantastischen Job machten. Und natürlich die zahlreichen Helferlein in Deutschland, die eine Zweihundert-Gäste-Charity-Veranstaltung im Nürnberger Rathaussaal aus dem Boden stampften, am Weihnachtsmarkt in Schwabach nigerianische *paw paw* verkauften, die als Häuser verkleidet durch die Nürnberger Altstadt liefen und Kleingeld von den Passanten einsammelten, die für uns gesungen haben (danke an Me & Reas) die auf einem weiteren Event für über hundert Gäste kochten, die für uns Homepage, Flyer und Videos produzierten, die Poster entwarfen und sogar für uns tätowierten[16] UND die in zahlreichen Momenten von FHOH erzählten und Geld einsammelten. Unser Projekt finanzierte sich nicht durch einige wenige große Spenden, sondern durch eine Masse an kleineren Geldbeträgen. Und ich finde das großartig!

All diesen engagierten Menschen bin ich unendlich dankbar – viele davon sind aus meiner Familie und meinem engeren Freundeskreis. Ohne Euch … schnief.

Und auch auf mich darf ich stolz sein. Super Christina, dass du dich da durchgebissen hast und dich nicht von deinem Weg hast abbringen lassen. Damals wusste ich ja noch nicht, dass ich tausendfach für meine Mühen entlohnt werden sollte. Ich kann meine Freude, die mich erfüllt, wenn

---

[16] Ein Nürnberger Tattoostudio tätowierte einen Tag lang auf eigene Kosten und spendete den Erlös an FHOH.

ich die Erfolge der Kinder sehe, nicht in Worte fassen. Von wegen ein Tropfen auf den heißen Stein …

Was dieses Buch betrifft, danke ich den ersten Lesern meines Manuskripts und ihrem wunderbaren Feedback: meiner Mama Katrin, meiner Großtante Uschi, meinen langjährigen Unterstützerinnen Susanne und Ruth, und meiner Freundin Ena und ihrem Mann Michl, die dieses wundervolle Cover entworfen haben. Auch möchte ich mich bei meiner Lektorin Barbara Lösel bedanken, die sich mit mir auf diese Reise begeben hat und mein Buch noch einmal auf ein anderes Level gehoben hat. Mein Dank gilt auch meinem wundervollen Mann Philipp, der es mir immer wieder ermöglicht hat, an meinem Projekt zu arbeiten, und der versteht, wie wichtig mir dieses Buch und FHOH sind. Ich kann es nicht erwarten, dich in Nigeria ein zweites Mal zu heiraten.

Zu guter Letzt bedanke ich mich erneut bei euch, liebe Leser und Leserinnen. Zum einen, weil ihr bis zur letzten Seite meine Geschichte verfolgt habt. Zum anderen, weil mit jedem verkauften Buch eine Spende an den Verein geht. Wer darüber hinaus noch spenden möchte, den halte ich natürlich nicht davon ab (www.fhoh.eu). Folgt mir doch auf Facebook (Christina Greßer) oder Instagram (@christinatokunbo), wenn ihr wissen wollt, wie viel zusammengekommen ist, wenn ihr mehr über FHOH wissen wollt oder wenn ihr auch gerne zum FHOH-Unterstützerkreis gehören möchtet.

Ich freue mich auf euch. Mo nreti gbogbo ẹ.

Eure Christina

Emmanuela und ich – ein Dream-Team

I pledge to Nigeria my country,
to be faithful, loyal and honest.
To serve Nigeria will all my strength,
to defend her unity, uphold her honor and glory,
so help me God.

Glossar

Aiesec – Internationale Studentenorganisation, mit der Christina 2010 ein Praktikum in Nigeria absolvierte.

Future Hope Orphanage Home, FHOH – Eingetragener Verein sowohl in Deutschland als auch in Nigeria, der sich die Unterstützung nigerianischer Waisenkinder zum Ziel gesetzt hat.

Naija – Pidgin-Wort für Nigeria

Naira – nigerianische Geldwährung

Pidgin – stark vereinfachtes Englisch

Oba – bedeutet Herrscher oder König in der Yoruba-Sprache

Okada – Motorrad-Taxi

Oyinbo – Yoruba-Wort für Kaukasier

Tokunbo – Yoruba-Wort für „second-hand“

Tuk Tuk – dreirädriges Taxi

Yoruba, Hausa, Igbo – Amtssprachen in Nigeria; Lagos gehört zum Yoruba-Land

Nigeria: Land und Leute

Lage: Westafrika, sozusagen in der Kehle des Pferdekopfes

Bevölkerung: viele! Nigeria hat mit 213 Millionen Einwohnern die siebtgrößte Bevölkerung weltweit.

Großstädte: Lagos ist mit Abstand die größte Stadt Nigerias. Mit über 14 Millionen Einwohnern ist sie sogar die zweitgrößte Stadt Afrikas; weit abgeschlagen ist die Hauptstadt Abuja mit knapp 4 Millionen Einwohnern.

Amtssprache: Englisch, Hausa, Igbo, Yoruba – es wird allerdings vermutet, dass noch etwa 400 weitere Sprachen und Dialekte in Nigeria gesprochen werden.

Temperatur: heiß! Es gibt zwei Regenzeiten pro Jahr mit den größten Niederschlagsmengen im Mai und im Oktober.

Währung: Naira; aktuell bekommt man für 1 Euro 462 Naira.

Religion: Etwa 50/50 Christen und Muslime.

Ressourcen: Reiche Öl- und Gasvorkommen; Korruption und Vetternwirtschaft verhindern jedoch, dass die Einnahmen der Bevölkerung zugutekommen.

Armut: Es wird geschätzt, dass ca. 71 % der Nigerianer mit weniger als 3,20 USD am Tag leben.

Sicherheit: Es besteht seit jeher eine Reisewarnung für Nigeria; Anschläge und religiös motivierter Terrorismus durch Boko Haram finden vor allem im Norden statt, Entführungen und Geiselnahmen eher im rohstoffreichen Süden; Überfälle stehen landesweit auf der Tagesordnung.

Future Hope Orphanage Home: Meilensteine

08/2010: Zehn Wochen Praktikum in Sachen Leben

07/2011: Wir gründen den Verein FHOH e. V.

08/2011: Die Waisenkinder ziehen in eine neue Mietwohnung.

08/2012: Wir kaufen das Grundstück für das neue Waisenhaus.

2013: Tanz-Charity, Afrikamarkt in Ingolstadt, Verkauf von Design-Plakaten und eine Spendenaktion in der Nürnberger Altstadt bessern die Vereinskasse auf.

01/2014: Spatenstich für den Neubau

12/2014: Umzug der Kinder in das neue FHOH-Haus

03/2015: Charity-Gala im Nürnberger Rathaussaal mit 200 Gästen

11/2015: Christina ist zu Gast in der Fernsehsendung „Wir in Bayern".

02/2016: Wir kaufen einen FHOH-Schulbus.

10/2016: Wir legen einen Garten sowie eine Hühner- und Fischzucht an.

12/2016: Ein Nürnberger Ingenieurbüro löst sein Büro in Nigeria auf und spendet Ausstattung inkl. Land Rover.

03/2017: Christina ist erneut vor Ort und fokussiert sich auf die Jugendarbeit.

06/2017: Godwin erhält den Community Award für besondere Leistungen in der Gemeinde Ogijo.

02/2018: Christina klärt in zahlreichen Schulen über Infektionskrankheiten und Gruppenzwang auf.

07/2018: Ibukun schließt als erstes FHOH-Kind erfolgreich ihr Studium ab.

2019 bis heute: Spatenstich und Bau eines Erweiterungsgebäudes; keine Besuche vor Ort aufgrund der globalen Pandemie.

Printed in Poland
by Amazon Fulfillment
Poland Sp. z o.o., Wrocław

12612748R00150